U0336189

Richard Templar
泰普勒法则丛书

工作

从平凡到非凡

原书第5版
Fifth Edition

［英］理查德·泰普勒 著

陶尚芸 译

The
Rules of
Work

机械工业出版社
CHINA MACHINE PRESS

北京市版权局著作权合同登记号 图字：01-2022-5759。

图书在版编目（CIP）数据

工作：从平凡到非凡：原书第5版 /（英）理查德·泰普勒（Richard Templar）著；陶尚芸译. — 北京：机械工业出版社，2023.12（2024.5重印）
书名原文：The Rules of Work, Fifth Edition
ISBN 978-7-111-74403-0

Ⅰ.①工… Ⅱ.①理… ②陶… Ⅲ.①工作方法 Ⅳ.①B026

中国国家版本馆CIP数据核字（2023）第236122号

机械工业出版社（北京市百万庄大街22号 邮政编码100037）
策划编辑：坚喜斌　　　　　　责任编辑：坚喜斌 陈 洁
责任校对：曹若菲 李 婷　　　责任印制：张 博
北京联兴盛业印刷股份有限公司印刷
2024年5月第1版第2次印刷
145mm×210mm·9.125印张·1插页·194千字
标准书号：ISBN 978-7-111-74403-0
定价：59.00元

电话服务　　　　　　　　　　网络服务
客服电话：010-88361066　　机 工 官 网：www.cmpbook.com
　　　　　010-88379833　　机 工 官 博：weibo.com/cmp1952
　　　　　010-68326294　　金 书 网：www.golden-book.com
封底无防伪标均为盗版　　　　机工教育服务网：www.cmpedu.com

谨以此书献给瑞秋·斯托克（Rachael Stock）。
没有她的支持、鼓励和热忱，
就不会有这部作品的诞生。

鸣　谢

　　我要感谢多年来坚持给我发邮件，用心点评本人拙作的所有读者，尤其是那些为新版《工作：从平凡到非凡》献计献策的人。此外，我要特别感谢：

　　安尼尔·巴德拉（Anil Baddela）

　　约翰逊·格蕾丝·马甘雅（Johnson Grace Maganja）

　　大卫·格里戈尔（David Grigor）

　　弗兰克·赫尔（Frank Hull）

　　休伯特·劳（Hubert Rau）

　　帕万·辛格（Pawan Singh）

　　蒂娜·斯蒂尔（Tina Steel）

推荐序

大多数人都想把工作做好（我猜的），还想要更重要的工作、更高的薪水、更好的保障、更高的地位和光明的未来（还是我猜的）。所以，我们应该努力把工作做好，这样我们就能得到奖励、尊重和提升。

这就是我们的认知误区（这可不是我猜的）。

我们当然要把工作做好。笨手笨脚、游手好闲、反社会的人没有前途。但理查德·泰普勒指出了职场中潜在逻辑中的缺陷。也就是说，表面上，我们将工作做得越好，我们在组织中升迁的速度就越快。但实际上，我们都在做两项工作，大多数人只意识到其中一项，也就是手头的工作，比如，完成我们的销售目标、缩短机器停机的时间、加快每月管理账目的速度等。另一项工作既庞大又模糊，也就是让组织运转起来。如果人们认为你有能力解决组织本身的问题，而不仅仅是你的那一小部分问题，你就已经脱颖而出了。但是，你要怎么做呢？最简单的答案就是阅读本书，遵守工作法则。

当我阅读本书的时候，我意识到自己一直对工作法则半知半解，从来不曾像理查德·泰普勒那样清晰而详细地阐述和分析这些法则。有一段时间，我不得不在英国广播公司（BBC）面试海量的晋升候选人。但不知怎的，他们中的大多数人在我看来都不是高层管理人员的材料。是因为他们的着装风格、走路姿势、说话方式吗？或许多多少少都与这些方面有所关联，但最重要的是他们的态度和思维模式，这在某种程度上影响了所有其他方面的表现。

他们中的大多数都强调自己目前的工作做得多么好，这是完全没必要的。我们知道，这就是他们来接受面试的原因，这也是他们参加面试的入场券，但他们没必要不停地向我们挥舞这张入场券吧。令人惊讶的是，他们只思考他们申请的岗位职责，几乎不想工作中可能出现的问题，更不会考虑 BBC 作为一个机构所面临的问题。他们无视工作法则的存在。

美国管理大师彼得·德鲁克（Peter Drucker）对效率和效力做了一个清晰的区分：效率是正确地做事，效力是做正确的事。你的老板会教你正确地做事，但你必须自己弄清楚什么是正确的事。这意味着你要关注组织外部的世界是什么样的，组织需要什么，组织的需求如何变化，以及组织必须做什么（和停止做什么）才能蓬勃发展。

我采访过两位大公司的首席执行官。他们俩从大学毕业时就和其他数百名聪明而有抱负的毕业生一起加入了公司，我问他们为什么能跻身精英行列，而其他人不能。其中一个说，他不知道，但他能告诉我的是，他做过的每一份工作在他离开后都终结了。另一个也不知道，但他说他做过的每一份工作在他做之前都不存在。他们两个人都专注于做好本职工作，即使身为初级或中级管理人员，也会像董事长一样思考。我毫不怀疑他们也遵守了其他工作法则。无论说话还是做事，他们都像值得更高职位的人。正如理查德·泰普勒强调的那样，他们在整个组织中都备受欢迎和尊重。如果你的周围都是愤懑、怨恨和士气低落的同事，你就不可能成为一名成功的首席执行官。

首先，这是一本服务于个人管理者的指南，对于那些想要上升到高层但似乎找不到晋升路线的人来说，本书让他们大开眼界。但在很大程度上，这也是一本写给组织自身的书。组织中最大的危险是僵化，比如，专注于内部任务、系统和程序，与外部世界失去联系。如果每个人都专注于提高效率，而不是发挥效力，换句话说，如果他们不遵守工作法则，这种情况就会发生。

安东尼·杰伊（Antony Jay）爵士

《是，大臣》（*Yes，Minister*）、

《是，首相》（*Yes，Prime Minister*）编剧

视觉艺术公司创始人

序 言

2002 年，当我着手写这本书时，我并没有想到它会把我引向何方，我只是想把工作中要花很多年才能学会的不成文法则列出来，供大家方便查询和实践。我把自己多年来观察成功人士克服职业生涯中的重重障碍所获得的经验传授给大家，让大家了解事业蒸蒸日上的各种前提和因素。我认为，每条法则的篇幅都不宜过长。

那时候，我根本不知道这本书让这么多人受益匪浅。它以一种我从未想象过的方式走红，成为全球畅销书。我因此受到了鼓舞，继续将同样的写作手法应用于管理、人生、财富、爱情、养育、人际、思考等话题，并得到了类似的赞誉。数以百万计的人正手捧一本或好几本我的法则系列书，静静地阅读。本套书被翻译成了我甚至没听说过的语言。事实证明，这些书可以提炼出真正重要的东西，它们不是启示录，而是提示单，对很多人都很有帮助。

我是怎么知道的？因为读者是这么告诉我的。我从读者那里得到了反馈，这也是我写法则系列书的乐趣之一。读者与我联系，给予评论、建议、想法、轶事、批评（是的，当然有一些批评，但非常有用），甚至还有忏悔，更不用说这些书改变他们的故事了。人们懂得如何才能过上更好的日子，这就是最棒的。向那些可以改变自己人生的智者致敬，这可不是动动嘴这么简单的。但我很高兴我的拙作似乎吸引了相当多的读者（是的，我知道这是明目张胆的奉承，但也反映了事实）。

我要感谢那些让这一切成为可能的人，你们读懂了你们自己。我要感谢迈克，一位远见卓识的零售商，他给了我信心。最后，我衷心感谢各位读者朋友，感谢你们不辞辛劳地分享自己的故事。

这些年，我的书再版了多次，但书中的法则并没有太大的变化。尽管我经常回头去审视这些法则，但它们大多是永恒的智慧，几十年来一直适用，并将继续服务于更多人。我期待着在未来的更多岁月里收到人们为自己量身定制法则的故事。如果你想加入这个行列，可将你的法则发布在我的 Facebook 个人主页上，我再乐意不过了。

谢谢读者朋友的厚爱。

理查德·泰普勒

引　言

　　很多年前，当我还是个助理经理的时候，我开始构思这本书。当时公司有一个经理的空缺。有两个可能的候选人，我和罗布。理论上，我更有经验和专业知识，大多数员工都希望我担任他们的经理，而且我对新职位也更了解。说实话，罗布没什么优势。

　　我和公司聘请的一位外部顾问聊天，问他认为我的晋升机会有多大。他回答说："微乎其微。"我愤愤不平。我介绍了我所有的经验、专业知识、卓越的能力。"好啊，"他说，"但你没有像经理一样走路。""罗布像吗？""像，这就是走姿的力量。"不用说，他是对的，罗布得到了那份工作。我不得不在他手下工作。罗布仅因为走路有经理的派头就获得了晋升，因此我非常仔细地研究了他走路的样子。

　　那位顾问说得很对，有一种走姿叫作"像经理一样走路"。我开始观察每个员工，实际上每个人都有自己的走姿。接待员的走姿有其独特之处，收银员、餐饮服务人员、办公室职员、行政人员、保安人员也一样，当然还有一种经理式的走姿。于是，我偷偷地开始练习走姿。

形象与职位相匹配

　　我花了很长时间观察他们走路的样子，并且意识到还有经理式的着装风格、说话风格和行为风格。仅仅因为我擅长自己的工作并且富有经验是不够的。我得让自己看起来比任何人都优秀。这不仅仅是一次走姿的改变，而是一次彻底的改造。渐渐地，随着我的观察，我发现读什么报纸很重要，使用什么笔也很重要，如何写作、如何与同事交谈、在会议上说了什么都很重要。事实上，每件事都在被评判、被评估、被付诸行动，仅仅能胜任这份工作是不够的。如果你想出人头地，你就得让别人觉得你是"合适的那一类"。本书就是要创造这种类型的人。当然，首先你要有能力完成自己的工作。这一点是很多人都能做到的。那么，是什么让你脱颖而出的？是什么让你成为晋升的合适人选？是什么造成了这种差异？

更高职位的走姿

我注意到，有些人已经掌握了经理式走姿的走路技巧，但也有一些人在不知不觉地练习符合更高职位的走路方式——总经理式的走姿。

那时我碰巧在不同的分公司之间来回奔波，注意到总经理中有一些人要在原来的职位上待很长一段时间。但还有一些人已经在为更高的职位做准备了，那他们就得有区域总监范儿。

我从练习经理式的走姿跳转到了总经理式的走姿。三个月后，我从助理经理一下子升为总经理。我现在成为罗布的上司了。

说到做到

罗布的晋升之路走得很顺利（法则 18：打造引人瞩目的风格），但不幸的是，他没有充分遵守法则 1，他对自己的工作不够了解。他相貌堂堂，气度非凡，但他没能把自己的工作做好。我之所以被提拔成他的顶头上司，是因为公司不能刚给他升职就把他解雇，那样会显得很尴尬。公司需要有人监督他的工作，以便迅速纠正他的错误。罗布已经坐上了他自己不能胜任的岗位，在那里待了好几年，既没有改善，也没有特别恶化，只是看起来不错，经理式的走姿也没问题。但他最终还是改行做生意了。罗布开了一家餐馆，又迅速倒闭了，因为他忘记了法则 2（切勿安于现状），或者他从来没有意识到这一点。他走起路来像个经理，而不是餐馆老板。他的顾客从未真正喜欢过他。

我得到了晋升，因为我练习了总经理式的走姿，还因为我非常注意做好自己的本职工作（这是法则 1 的要求）。当然，一旦有了这份新工作，我就完全不知所措了。我不仅要迅速了解新职位及其所有的责任，还要了解我以前没有真正担任过的职位，那就是经理职务。我曾经代替经理做事，但我从来没有真正当过经理，而现在我是经理的经理，很有可能摔得惨痛。

绝不显摆你有多努力

到目前为止，我一心一意践行工作法则。我只有一个诀窍，那就是秘密练习。我利用每一秒钟的空闲时间（晚上、周末、午休时间）学习一切对我有帮助的东西。但我没有告诉任何人（参见法则 13）。

我在很短的时间内就掌握了足够的知识，能够把工作做得足够好。于是，本书的雏形就此诞生。

制订计划

当总经理既有趣又痛苦。工作量增加了50%，但工资只增加了20%。顺理成章，我的下一个职位是区域总监。但这个职位对我没有吸引力。更多的工作，却没有与之相匹配的高薪。我开始制订计划（法则25~法则35）。我下一步想去往何方？我想做什么新工作？当时我一直被困在办公室里，还有那些没完没了的无聊会议，我已经厌倦了。这些时间都是在总部度过的。我不喜欢。我想再找点乐趣。我想实践一下工作法则，于是我制订了一个计划。

公司急需一个既乐意四处奔波又可以解决问题的人——类似于总经理监理。我将法则4（为你自己开拓一席之地）付诸实践。我向公司董事长建议需要有人做调查报告工作。我从来没说过这是我想要的工作，但我想要这份工作的目的是显而易见的。当然，我得到了这份工作，成为一名四处奔波的总经理，只对董事长直接负责，但要提交一份我自己写的工作描述。报酬如何？当然比区域总监多很多，但他们不知道，我也没有让他们知道（法则46~法则57）。我要获得他们的支持和友谊。我从来都不是一个威胁的存在，因为很明显我并不想要他们的工作。如果他们知道我的薪水，就可能想要我赚的钱，但他们并不想要我为自己开拓的一席之地。

我这么做，并不是冷酷无情，我不虚假，也不惹人厌。事实上，我和总经理们打交道时总是表现得很得体。我对他们彬彬有礼，但我必须让他们在工作的某些方面有所改进。我在本书添加了一章"不说好话就闭嘴"，并在"培养'外交手腕'"一章阐述了一些法则（法则 79~ 法则 87）。

学会分辨谁是重要的人

我很快意识到，如果我想知道一家分店发生了什么，最好与真正了解情况的人交谈，比如清洁工、接待员、收银员、电梯服务员和司机。重要的是既要识别这些人，又要迎合他们的心意（法则 93）。他们提供给我的信息比任何人想象的都要多，而这一切的代价只是一句简单的"你好，鲍勃，你女儿最近在大学里怎么样"。

本书终于成型。在接下来的几年里，我不断积累经验，看着这些法则日渐成熟。后来，我辞职并创办了自己的咨询公司。我训练管理人员学习工作法则，看着他们走向社会，用魅力、礼貌、自信和权威征服自己的命运。

但我知道你们会有疑问：这些法则是如何起作用的？这些是操纵性的法则吗？不，你不能强迫别人做任何事，只要努力让自己改变和进步即可。

- 我必须变成另一个人吗？不，你可能需要稍微改变一下你的行为，但不需要改变你的个性或价值观。你要继续做你自己，但要变得更圆通、更敏捷、更成功。

- 这些法则很难学吗？不，你可以在一两个星期内学会，但要真正掌握的话，确实需要很长时间。只要我们一直在学习就好，即使只练习一条法则，也比从不练习好。

- 你会轻易发现别人在练习工作法则吗？是的，有时候。虽然真正优秀的工作法则玩家永远不会让你看到他们在做什么，因为他们对此早已驾轻就熟，可一旦你也成为工作法则玩家，你就会更容易察觉别人在哪些情况下使用哪些法则。

- 我能马上看到使用工作法则的好处吗？哦，是的，那还用说，立竿见影。

- 我需要时时练习吗？我一开始甚至不会承认自己练习过，毕竟我是一名工作法则玩家。

- 使用工作法则符合道德规范吗？是的。你没有做错任何事，只是利用了自己的天赋和技能，并有意识地加以调整和运用。自觉，这是理解工作法则的关键所在。你所做的每件事都是事先决定好的。当然，你仍然会表现得很自然，这也是你自己决定的，无论如何，你都会成为有意识的控制者，而不是无意识的受害者。你会清醒而觉知，活在当下，还会充分发挥自己的才能。底线是你必须能够做好你的本职工作。这些工作法则不是为那些吹牛的人、装腔作势的人、胡说八道的人或不努力的人准备的。

你觉得你现在很努力吗？玩转工作法则并不难，但确实需要付出努力。

面对现实吧，你喜欢你的工作，你热爱你的工作。如果你想要好好工作、天天向上，就必须这样做。我的建议是，你应该有意识地考虑工作的每个方面，并做出以下改变：

- 你做事的方式。
- 人们看待你做事的态度。

如果你不练习使用工作法则，就会得过且过，也许会找到你想要的东西。你可能已经知道很多工作法则，并且本能地、无意识地加以实践。现在你要有意识地去做。如果你做到了，你会：

- 得到提升。
- 与同事相处得更好。
- 自我感觉良好。
- 更享受你的工作。
- 更好地了解你的工作。
- 更好地理解老板的观点。
- 对自己和自己的工作更有自豪感。
- 为资历浅的职员树立好榜样。
- 为公司多做贡献。
- 受到重视和尊重。
- 向周围的人传播善意和营造合作氛围。
- 如果你离职去创业，你会成功的。

这些法则简单有效，安全实用。本书前十章阐述了你建立自信并创造一个全新的、更强大的自己的十大步骤，帮你在道德和伦理上塑造一个全新的自己。你不会去做任何你不期待（也不感激）别人对你做的事。这些法则提高了你的个人标准，升华了你的个人原则。它们是我送给大家的礼物，现在属于你们，请保护它们的安全，也要保守秘密。

玩转工作法则

读一部囊括了让你自我感觉更快乐、更成功的工作法则的佳作，也许听起来有点令人生畏。我的意思是，你从哪里开始呢？你可能会发现自己已经遵循了其中的一些法则，但是，你怎么能期望一下子学会几十条新法则，并将它们全部付诸实践呢？别慌，你没必要慌张。记住，你不需要做任何事情，你这么做是因为你想这么做。让我们把事情保持在一个可控的水平，这样你就可以继续这么做了。

你可以用任何你喜欢的方式来做这件事，但我还是建议：通读这本书，挑出 3~4 条你觉得会对你产生重大影响的法则，或者你第一次阅读本书时突然想到的法则，或者对你来说是个绝美起点的法则。把这些法则写在下面的空白处：

_____

_____

_____

只要坚持几个星期，直到这些法则在你心中变得根深蒂固，你就不必那么努力了，因为它们已经成为你的一种习惯。干得漂亮，太棒了。现在你可以用你接下来想要解决的更多法则来重复这个练习。把这些法则写在下面的空白处：

_____

_____

_____

　　太好了。现在你真的进步了。按照你自己的节奏来完成这些
法则，不用着急。记住，我不是唯一一个能观察别人并发现对他
们有用的法则的人。所以，当你发现一个我在本书中没有提到的
法则时，你也可以自己提出来。列出你想要遵循的其他法则，并
写在下面的空白处：

_____

_____

_____

_____

　　把你想到的新法则藏在心里似乎很遗憾，所以请随意分享。
如果你想在我的 Facebook 主页上分享你的新法则，我求之不得。

目　录

第二章　随时面对别人的评头论足

第三章　制订计划

第六章　融入群体

第七章　先人一步

第八章 培养"外交手腕"

第九章 了解职场体系并受益其中

第十章　应对竞争

第十一章　附加法则：力量法则

第十二章 其他不可错过的人生智慧

第一章

言行如一

第一章的法则是支配其他所有法则的基础——你首先要了解你的工作，做好你的工作，而且要比别人做得更好。就是这么简单。但秘诀在于确保没人知道你为此付出了多少努力。你可以在私下里秘密地学习，但不要让任何人知道你在努力学习。永远不要让任何人知道你读过这本书，因为它是你的"秘密武器"。重要的是，你要看起来冷静和高效，对一切都了如指掌。你轻松自信地完成日常工作。你镇定自若，势不可挡。然而，底线是，你必须非常擅长你的本职工作。

法则
001

让你的工作受到关注

在繁忙喧嚣的办公室生活中，你的工作很容易被人忽视。你整天埋头苦干，反而忘记了你需要付出一些努力来提升你的个人地位和个人荣誉。而这些很重要。你必须留下自己的印记，这样你才能脱颖而出，让人们看到你的晋升潜力。

最好的办法就是跳出常规的工作流程。如果你每天都要处理大量细琐的工作——其他人也是如此——那么你处理得再多也没用。但如果你向老板提交一份关于每个人如何高效处理这些细琐工作的报告，那么你就会受到关注。主动汇报是让你脱颖而出的好办法。这表明你在独立思考，并发挥你的主动性。但是，你也不能太频繁地使用这招。如果你让你的老板收到一连串不请自来的报告，你确实会被注意到，但你出风头的方式完全错了。你必须遵守某些小法则：

- 偶尔提交一份报告。

- 确保你的报告有效，它会带来好处或利益。
- 确保你的名字出现在醒目的位置。
- 确保这份报告不仅会被你的老板看到，也会被你老板的老板看到。
- 记住，它不一定是一份报告，也可以是公司通讯中的一篇文章。

当然，让你的工作受到关注的最好方法是你非常擅长自己的工作。做好本职工作的最好方法就是全身心地投入到工作中去，忽略其他的一切。现实中有大量的权术、八卦、花招和应酬都是以工作的名义进行的。这不是工作。保持专注，你会比你的同事拥有巨大的优势。工作法则玩家要保持专注。请把你的注意力集中在手头的任务上，要非常擅长你的工作才行，千万不要分心。

主动汇报是让你脱颖而出的好办法。

法则
002

切勿安于现状

大多数人每天上班只有一个念头：熬到下班时间。在白天，他们会做任何他们必须做的事情，边做边等，直到那个神奇的时刻到来。但你不会这样做。你不会安于现状。对于大多数人来说，得到这份工作就足够了，他们只会这样做，保持工作稳定就可以。但做这份工作并不是你的终极目标，这只是达到目的的一种手段。对你来说，最终的结果是升职、挣更多的钱、成功、步步高升、积累人脉和经验，然后开始自己的事业，而不管你的愿望清单上有什么。在某种程度上，这份工作是无关紧要的。

是的，你必须做这项工作。是的，你必须做得非常好。但你的目光应该已经盯住下一步了，你在工作中沉迷的每一项活动都应该只是你晋升计划中的一个齿轮。

当别人还在想着下一个茶歇时间，或者想着如何不用做任何工作就能度过整个下午时，你却在忙着计划和执行你的下一个策略了。在理想的状态下，工作法则玩家将在午餐前完成当天的工作，这样他们就有一个下午的空闲时间来提升自己：为下一次晋升学习，评估亲密同事之间的竞争，主动写报告让自己的工作得到关注，研究并改进每个人工作的流程，进一步了解公司的程序和历史。

如果你不能在午饭前完成你的工作，就得把所有的事情都融入工作中去。竞争对手要做的不是这些。但你不能安于现状。永远不要认为完成工作就足够了。别人可以，但你不可以。你要继续准备、研究、分析和学习。

我们之前谈到了经理式的走姿，嗯，这就是你要做的，练习经理式的走姿或任何你需要掌握的领导者走姿。你必须把晋升（或者任何你想要的东西）视为一种"运动"。你要不断运动，否则就会"长出青苔"（时过境迁）。你必须运动，否则你就是"一潭死水"（停滞不前）。你必须喜欢运动，否则你就会"生出根来"（故步自封）。

你不要什么都不做，更不要安于现状。

———

在理想的状态下，
工作法则玩家将在午餐前完成当天的工作，
这样他们就有一个下午的空闲时间来提升自己。

法则
003

主动请缨也要三思而后行

很多人认为，如果他们对每件事都回答"好的"，那么他们就会受到关注，得到表扬和升职。其实不是这样的。举个例子，你的经理很聪明，他会利用你"愿意做"的心态，最终的结果就是你会超负荷工作，还会被低估和轻视。在举手表示自愿做任何事情之前，请你三思而后行。你必须问自己各种各样的问题：

- 为什么经理要找人做这件事？
- 这将如何推进我的计划？
- 如果我主动请缨，我将如何向高级管理人员寻求帮助？
- 如果我没主动请缨，别人会怎么看我？
- 这是一份没人想做的苦差事吗？
- 这个人是否真的负担过重，所以需要我的帮助？

这可能是一份没人想要的苦差事，而通过主动请缨，你可能会给高级管理人员留下好印象。他们会认为你有能力迎接挑战，很有能力，并准备大干一场。但另一方面，他们可能会认为你是个傻瓜。如果你自愿做归档工作，他们会认为你只是一个归档员；如果你主动帮助真正需要帮助的同事，那么你会赢得很多好感。不同的选择产生不同的结果。如果你因主动承担某项工作而被人嘲笑，那就没有意义了。只有当你相信自己会看起来很棒，对需要帮助的人有好处或产生影响时，你才能向前迈出这一步。

你还要意识到，有时你似乎是自愿的，但你没有主动举手或向前迈一步。有时候，你的同事会集体退一步，把你留在一个看似自愿的处境中，而你其实并不想这么做。第一次发生这种情况时，你将不得不接受现实并完成工作，但确保不会有下一次。这种事情不要在工作法则玩家身上发生两次。下次发生这种情况时，你要眼观四路，耳听八方，摸清集体的花招，确保你和其他人共进退。

在举手表示自愿做任何事情之前，
请你三思而后行。

法则
004

|

为你自己开拓一席之地

　　我曾经和迈克一起工作，他有一种很棒的个人技能，那就是他可以找到我无法找到的客户的信息。他似乎总是知道他们孩子的名字，他们在哪里度假，他们及其配偶的生日，他们最喜欢的音乐和餐馆。因此，如果我和其他同事在不得不与某个特定的客户打交道时，就会去找迈克，礼貌而谦逊地问他是否能给我们一些趣闻，让我们与客户搞好关系。迈克为自己开拓了一席之地。没有人要求他成为记录客户好恶的一部活的"百科全书"。这不是他的职责范围。这需要大量的工作和无形的努力。这是一笔非常宝贵的财富。没过多久，区域总监就听说了迈克付出的额外努力，接着，迈克在公司的晋升之路是迅速的、前所未有的。这就是他的全部。我说的"全部"，实际上是大量的工作和非常聪明的头脑。

　　开拓一席之地，意味着找到一个别人没有发现的有用领域。它可能就像擅长制作电子表格或写报告一样简单，也可能像迈克一样知道一些别人不知道的事,或者出色地掌握公司日程、财务预算或公司内部系统。确保你不要让自己变得不可或缺,否则这条法则会适得其反。

为自己开拓一席之地,通常会让你超出正常的办公室活动范围。你可以更多地走动,更频繁地离开办公室,而不必向任何人解释你在哪里或你在做什么。这会让你从人群中脱颖而出,给你独立和卓越的品质。我曾经志愿编辑公司简报(牢记前一条法则),因此可以在七个分公司之间自由出入。显然,我总是确保我的工作按时完成,而且非常出色。

经常为自己开拓一席之地,意味着你会受到其他老板的注意。这些老板聚在一起聊天。如果他们提到你的名字,那将是一件好事。比如,"我看到里奇一直在忙着做一些真正原创性的市场分析"。如果你的老板想要赢得同类的认可,他就很难不提拔你。如果其他老板认为你是个人才,你的老板就得附和。

如果其他老板认为你是个人才,

你的老板就得附和。

|

谨慎许诺，提供超值服务

如果你知道你能在周三之前完成某个任务，那就说周五。如果你知道你的部门需要一周的时间完成某个任务，那就说两周。如果你知道安装并启动新机器需要额外的两个人，那就说还需要三个人。

这不是不诚实，只是谨慎而已。如果有人发现了你的行事风格，那就开诚布公地承认，并说你总是在评估中考虑到意外发生的概率。他们不会因此杀了你的。

第一点是谨慎许诺。仅仅因为你说的是周五、两周或其他时间，并不意味着你就可以游手好闲，挥霍掉剩余的时间。哦，不。你要做的就是确保尽早、按预算、比承诺的更好地交付产品。第二点是提供超值服务。这意味着，如果你承诺在周一的第一时间完成报告，你一定会完成，而且不仅完成一份报告，还包含了新场所的完整实施计划。或者，如果你说你会在周日晚上之前把展览办好，只增加两名工作人员，那一定会做到，而且你已经成功地让你的主要竞争对手退出了展览。或者，如果你说你会在下次会议前为新公司的网站写一个粗略的提案，那你不仅要完成提案，还要配有网站地图、样本图形、起草的文本、拍摄的所有照片及全部的设计成本和网站优化提案。显然，你必须小心不要越界，不要承担你没有被赋予的责任，我相信你明白我的意思。

需要注意的是，你在这样做的时候不要太明目张胆，否则你的老板会预料到这一点。这应该是一个令人愉快的惊喜，而不是一种惯用的伎俩。

有时装傻也有帮助。你可以假装不了解某些新技术或软件，而实际上你对它们了如指掌。然后，当你突然在电子表格上完成所有其他人无法完成的预算时，你就会看起来很棒。如果你事先说过"哦，是的，我知道，我在上一份工作中使用过这些电子表格"，那么你的表现毫无惊喜可言，你已经提前暴露了自己的优势。

当你谨慎许诺和提供超值服务时，你必须有一个底线——作为一名工作法则玩家，永远不要延迟交付或偷工减料。就是这样。如果你不得不呕心沥血、通宵达旦地工作，那就这样吧。你要按你说的时间交货，如果可能的话，可以更早交货，无一例外。与其让别人失望，不如先协商一个更长的交货时间。很多人都非常渴望被喜欢、被认可、被赞扬，以至于他们会同意提供给他们的第一个交付时间——"哦，是的，我可以做到"，然后却做不到。他们一开始好像很容易被人说服，但最后却显得很无能。

———————

永远不要延迟交付或偷工减料。

法则
006

多问几个为什么

如果你看不到大局，就无法为你的雇主做到最好。你可能只是一台巨大的研磨机器中的一个不起眼的齿轮，但如果你不能退后一步，看看整个机器在做什么，你就不能把这个小齿轮做得更好。更重要的是，如果你只谈论你的齿轮及你紧邻的齿轮、螺栓、轴和活塞，你周围的每个人都会认为你完全属于机器的那一小部分。

但你渴望进入更大更重要的机器部件，不是吗？你当然知道，你是一名工作法则玩家。你想要成长和发展，并做出更大的贡献。要做到这一点，并被视为一个合适的候选人，你需要了解是什么驱动了整个事情，它的目的是什么。

你这样做的方法就是提问。当你的老板向你介绍任何新任务或项目时，问问它是如何适应大局的。你们为什么要把重点转移到电话销售上？这是一个标准的市场趋势，还是你的公司试图做一些创新？为什么会计部门要分成两个分部？这是为了客户利益还是为了优化内部结构？

我并不是说，你要用无关紧要的小问题来困扰你的老板，比如，用什么颜色的回形针来处理一式三份的粉红色纸张，或者通过电子邮件提出休假请求。我说的是对整个组织感兴趣，而不仅仅沉迷于你自己的一个小角落，你要让你的老板看到你在关注大局。

当然，其中一个原因是，你的老板开始把你看作一个有能力负责更高层次的工作、有更大的视野、对整个公司忠诚和关心的人。但你也会发现，当你能看到更广阔的视野时，你自己的工作就会更有意义，当你了解变化或新指令、额外的工作或特殊项目背后的原因时，你就会更有动力。

———————

我说的是对整个组织感兴趣，
而不仅仅沉迷于你自己的一个小角落。

法则
007

|

工作需要完全投入

作为一名工作法则玩家，你必须比你的同事更加努力地工作。他们可以不努力，但你不可以不加油。他们可以跷起二郎腿歇一歇，但你歇不起。要想出人头地，你必须完全投入工作。你每一刻都不能忘记自己的长期目标。对你来说，没有休息时间，没有停工时间，没有闲逛时间，没有疏忽，没有错误，也没有偶然逃出工作脚本的机会。

如果你觉得这些太过分了，那么现在就退出吧。我只想要遵守工作法则的队员。如果你想达到这个等级，就得签一份血誓书。你必须保持机警、专注、警惕、敏锐、活跃，并且随时待命。这是艰巨的任务！

值得吗？当然了。在盲人的国度，只有你能睁开双眼看见。你会变得强大，最重要的是，你会从中获得乐趣。没有什么比跳出旋涡，保持全然客观和极度超然的态度更令人兴奋的了。

一旦你开始观察，你会发现自己不需要做很多事情。你给人们一个微小的点拨，就能让他们改变方向；你不必提供一个吃力不讨好的巨大推力，你的处事方式就会变得异常微妙和温柔。

但你真的必须完全投入。如果你尝试这些东西而没有这样的奉献精神，你会半信半疑，冒着看起来很愚蠢的风险而不能够冷静地控制局面。完全投入的美妙之处在于你不再需要做任何决定。你清楚地知道自己的路径，在任何情况下，你只需要问："这是否有助于我玩转工作法则？"然后，你的决定就自然出炉了。很简单。

你必须保持机警、专注、警惕、敏锐、活跃，并且随时待命。

法则
008

从别人的错误中学习

　　聪明的人从自己的错误中总结经验，而智慧的人从别人的错误中学习经验。这就是他们所说的，任何有头脑的工作法则玩家都遵循这一原则。我们都会犯一些错误，但你犯的错误越少越好。

　　听起来不错，不是吗？然而，你不能把这些朗朗上口的奇妙法则藏在心里，你必须认真照做。这意味着，每次你身边的人将事情搞砸，你都需要完全知情。你必须像个侦探一样，巧妙地提醒你自己。没有人愿意被同事追问自己哪里做错了，而且追问者有可能给人留下沾沾自喜、自鸣得意、多管闲事、高高在上的印象。

　　所以，当同事惹上麻烦时，你要在不被发现的情况下找出问题所在。最好的方法之一就是帮助他们把事情做对。毕竟，这不是一场游戏，我们也不希望我们的队友搞砸。我们只想从中获得经验，而帮他们补救的过程中便可以摸清到底发生了什么事情。

　　一旦发现问题出在哪里，你就会明白事情是如何发生的，以及为什么会发生。然后，你要反思自己是否会犯同样的错误。你是否有过因匆忙而未能再次检查文件的经历？或者，下班时忘记查看语音信箱？或者，根据你读到但其实可能不准确的数据进行了谈判？或者，在日记本上写错了交货日期？如果是这样，那你现在就需要采取某种措施来确保将来不会发生这种情况；否则，你犯同样的错误只是时间问题。记住，如果你已经目睹了你的同事做错了，那么，当同样的事情发生在你身上时，你会看起来更糟糕。

对别人的错误采取彻底询问的态度，而不是沾沾自喜地说"这不会发生在我身上"，久而久之，你会发现，这样会给你带来更大的回报。你犯的错误越少，就越能给老板留下好印象。事情就是这么简单。

每次你身边的人将事情搞砸，
你都需要完全知情。

法则
009

|

享受你正在做的事情

如果你工作得不开心，那你为什么还在工作呢？如果你的工作中没有一丝乐趣，那你工作就真的没有意义了。我认为有很多人真的很喜欢工作，但他们害怕说出来，以免被贴上"工作狂"之类的标签。

你说你喜欢自己的工作，这并不丢人。如今，在工作中痛苦、抱怨自己的处境似乎是一种荣耀。办公室里有一种尊卑怪象，即人们在抱怨自己有多讨厌自己的工作时，总是试图超越对方。

你就不可以这样了。工作法则玩家应该喜欢工作，并确保别人知道这一点。一旦你承认工作是有趣的（你对工作的乐趣胜过了任何人），你会发现你的步伐轻快了，你的压力水平降低了，你的整个行为举止也变得自信了。你承认工作是有趣的，就是在交换一些只有真正的成功人士才拥有的秘密知识。工作是有趣的——把这句话铭刻于心吧。

享受工作中的美好时光和意识到工作是一种乐趣是两回事。

享受工作中的美好时光，意味着你没有太多成就，说了很多话，与同事们闲聊天，整个下午都在喝咖啡打发时间。意识到工作是一种乐趣，意味着你为自己的工作感到自豪，享受挑战，以乐观和热情的心态迎接每一天。这是有区别的，我相信你会同意我的观点。享受工作中的美好时光是暂时的，一旦激情褪去，快乐也会消失。

意识到工作是一种乐趣，意味着你享受谈判、招募和解聘、日复一日的挑战、压力和失望、不确定的未来、对个人勇气的考验和新的学习曲线。令人惊讶的是，退休一年内就去世的人数量惊人，这表明工作对我们的影响比我们想象的更重要。

如果你不能享受这一切，意识不到工作的美好，那么，你注定会成为一个满腹牢骚的人，一个生活的受害者。

你说你喜欢自己的工作，这并不丢人。

法则
010
|

建立正确的态度

在工作中，很多人都有一种"我方—你方"阵营分明的态度。他们喜欢站在"工人"的立场来抱怨"管理层"。但你要建立正确的态度，拒绝阵营分明的态度。无论你现在的职位是什么，你都可能成为下一个部门主管、初出茅庐的首席执行官、崭露头角的总经理。你必须观察一个对垒局面中的"双方"，并确定"对方"的位置。你可能不会说出来，甚至可能在公开场合表现得站在你的工友和同事一边。但在你内心深处，你理解"对方"并与"对方"站在了同一边。永远不要忘记这一点。你的同事可能会抱怨管理决策，但你会分析并试着从对方的角度来看待这些决策。为了融入社会，你可能会试图伪装成一个抱怨的员工，这不是一个明智的举动。点头表示同意，但不要抱怨。

正确的态度有两个方面：

- 首先，你站在管理层一边，从他们的角度来看待决策。

- 其次，你要努力成为彻底忠诚的工作法则玩家，先为自己着想（是的，没错）。

正确的态度意味着每天都要尽你最大的努力，无论是在轻松的日子，还是在糟糕的岁月。

正确的态度意味着，即使在你累了、生气了、准备放弃的时候，也要付出额外的努力。别人可以放弃，但你不能。因为你是一名工作法则玩家。

正确的态度意味着昂起头，从不抱怨，永远积极向上，不断寻找自己的优势和影响力。

正确的态度意味着制定标准并坚持执行。确定自己的底线，知道何时表明立场。

正确的态度意味着你意识到拥有巨大的力量，并且你将以善良、克制、人性化和体贴的态度来运用这种力量。你不会伤害任何人，不会冷酷无情，不会操纵别人。是的，你可能会利用别人的困倦、冷漠或错误的态度，那是他们的问题。但你要站在道德的制高点，做个清白的人。

正确的态度意味着优秀而果断，善良而敏锐，体贴而卓越。

你要站在道德的制高点，
做个清白的人。

法则
011

要有激情，但不要拼命

　　我希望你对你的工作充满激情。无论你的工作满意度是来自与你一起工作的人、你的成就感、对你所做的事情的坚定信念、你得到的认可、你赚的钱，还是其他任何东西，我希望你可以从工作中有所收获，让你对自己的工作充满激情。

　　但不要陷入这样的思维陷阱：如果你充满激情，就必须长时间工作，经历无数的困难来证明这一点。充满激情和在办公室待到很晚是两码事。如果你对自己的工作有积极的信念，并充满激情，它就会散发光芒。不管你花了多长时间，我相信你的老板都会认可你的工作，而且会欣赏你的做法。

　　你没必要为了对工作充满激情而把自己累垮。事实上，你很难对一份慢慢耗尽你所有精力的工作保持热爱。重要的是你实现了什么，而不是你花了多长时间去实现它。你可能会说，如果你真的充满激情，就应该能够在很短的时间内取得和其他人一样的成就。嗯，这可能并不意味着，你可以在下午 3 点左右回家，但这确实意味着，即使你像其他人一样在下午 5:30 下班，你的激情也会让你保持高产出。

对工作充满激情通常被视为好事，这意味着你关心自己是否做好了工作。重要的不是你如何工作，而是你如何感受。所以，你不需要通过长时间工作来证明你的激情，而且打疲劳战也证明不了你的激情，因为你很可能一天工作 16 个小时，但仍然搞不懂你究竟在做什么。当然，那将是一种相当悲惨的生活，但我知道有人会这样做。

所以，培养你对工作的积极热情吧。如果你对工作没有激情，那就寻找一种让你在意的新方式来看待它，或者弄清楚什么能激发你的激情，然后在工作中创造激情。我并不是说这很容易。对有些人来说，这是一生的探索。但我向你保证，如果你从未试图去探寻，就永远也找不到激情。

——————

重要的不是你如何工作，
而是你如何感受。

法则
012

合理分配你的能量

你听说过时间管理吗？你当然听说过。每个人都听说过。我希望你在该方面做得很好，并且尽你所能去提高。我们总是可以更好地管理我们的时间。我们的工作效率越高，成就就越多，留给自己的自主时间也就越多。

可惜，能量管理的需求没有得到很好的推广。我不知道这是为什么。我们的能量是我们最重要的资源之一，它不会自己照顾自己。我们需要为自己的工作带来足够的能量，而我们所要做的就是确保自己在需要的时候拥有充足的能量。

在某种程度上，这意味着你要照顾好自己的身体能量。你要确保自己健康，第二天还要工作，不要把自己弄得筋疲力尽。就像你让孩子们准时上床睡觉一样，你也应该确保自己不会熬夜、暴饮暴食、酗酒、精疲力竭、不吃早餐或以其他方式降低你在工作中的潜力。

不要忘记你的精神能量。你一天中什么时候工作最高效？是吃饱之后，还是没有饥饿感即可？什么样的环境能让你在工作中效率最高——安静、忙碌、紧张、嘈杂或友好的氛围？每个人的情况都是不同的。你可能无法完全控制你的工作，但你可以确保那些需要集中能量的任务被分配到你的能量最集中的时段。

我们的能量还包括情感能量。如果你的家庭生活很糟糕，你就需要在早上上班前想办法提振自己的情绪，这样你的工作就不会受到影响。如果你在工作中处于情绪紧张状态，就需要再一次想出一些建设性的方法来保持你的能量水平，比如，午餐后出去跑跑步、搞定那个困扰你的人或找你的老板谈谈你的焦虑。

最后，你的精神能量需要空间来舒展，这样才能让你感到精力充沛。对一些人来说，这可以发生在工作之外，而另一些人则需要做一份能赋予他们强烈的自我价值的工作。只有你本人知道自己的立场，但要确保你的工作没有束缚你的精神能量，否则最终你本人和你的工作都会遭殃。

我们所要做的就是确保自己在需要的时候
拥有充足的能量。

绝不显摆你有多努力

瞧瞧理查德·布兰森（Richard Branson）这样的人。他们总是在玩耍、放飞气球、生活在改装过的驳船上、飞往美国。你从没见过他们坐在办公桌前接电话，做文书工作。但这些是他们在工作日期间必须干的活儿，你只是没机会看到而已。因此，我们认为他们是商界的花花公子、无忧无虑的企业家、魅力非凡的大明星。这是他们"磨皮去噪"后的形象，他们似乎很乐意接受。为什么不呢？

无所畏惧的工作法则玩家想要建立这样的形象：温文尔雅，轻松，慵懒，控制欲强，非常冷静。你从不奔跑，从不惊慌，甚至看起来从不匆忙。是的，你可能每天都熬到凌晨，但你永远不会承认这一点，永远不会抱怨你有多努力或投入了多少时间。在外人看来，你是在混日子，很放松，可以从容应对一切。

显然，要做到这一点，你必须非常擅长你的工作。如果你不擅长，那么，在尝试这条法则时你会惨败。如果你不是很擅长你的工作，你会怎么做呢？又要开夜车了：学习，研究，积累经验和知识，阅读，提问，修改，突击学习，死记硬背，直到你对这份工作了如指掌。你得先这样做，然后才能到处闲逛，看起来很酷、很放松。

这条法则中包含了一些小法则：

- 永远不要奢求延长最后期限。
- 永远不要寻求帮助：永远不要承认自己力不从心。你可以寻求指导、建议、信息和意见，但永远不要寻求帮助。
- 永远不要抱怨你要做的工作有很多。
- 学会自信，这样你就不会超负荷。这不是要让别人知道你有多努力工作，而是你不必过度劳累。
- 不要让别人看到你流汗。
- 总是寻找减轻工作量的方法（当然不要被人发现），以及加快工作速度的方法。

———

要做到这一点，
你必须非常擅长你的工作。

法则
014

工作和家庭要分开

    当你工作的时候，你应该专注于你的工作，持续做好你的工作。如果你把时间都花在家里的事情上，人们会认为你并没有真正投入到工作中。如果事实的确如此，那他们没有看错。

    想想你过去或现在的同事，他们花时间谈论他们的家庭，谈论他们社交生活的细节，抱怨他们的母亲，幻想他们的假期，讨论最近的足球比赛，吐槽拥挤的交通，宣布他们的圣诞节计划。你认为他们中有多少人对工作充满热情和投入？可能没有人。

    你不必把你的个人生活保密到连你的同事都不知道你有孩子，或者你的母亲在住院，或者你喜欢钓鱼。但你必须把个人生活放在幕后，在工作时间专注于你的工作。这将确保你以最快的时间和最有效的方式把工作做得最好。这将确保你的老板，以及你老板的老板，认为你是一个专注和热情的员工。这将确保你更享受这份工作，发现更多的乐趣，而没有人能在心不在焉的时候尽情享受。

你的同事不需要知道你的个人问题。当然，你需要一个发泄的渠道，你可以和好朋友聊天，但不是在工作时间。如果你的同事中有你的好朋友，下班后喝一杯，讨论一下你们的私人问题。

听着，每个人都有生病的父母，或者在学校惹麻烦的孩子，或者令人讨厌的邻居，或者是他们几乎付不起的抵押贷款，或者是一个爱整蛊的妯娌来家里度周末。他们不需要听到你的问题。抱歉，但事情就是这样。我不是不同情你，只是你谈论这些话题的时间不对，地点也不对。

当然，我知道偶尔会有重大问题对你的工作产生一些影响，比如离婚或丧亲之类的罕见事件。当然，在这种情况下，你不可能在工作中隐瞒，你应该让你的老板知道你这几天或几周都不太开心的原因。但如果你尽了最大努力，而且你以专注工作、不把个人生活带进工作而著称，那么当你真正需要帮助的时候，你周围的人就会更加理解和同情你。

没有人能在心不在焉的时候尽情享受。

第二章

随时面对别人的评头论足

　　我们的一切都能对别人产生重要的影响。我们的穿着打扮，我们开的车，我们去哪里度假，我们如何说话和走路，我们午餐吃什么，我们的一切都可能招致他人的评价。

　　本章的法则可以确保那些评价是积极的，有助于你的职业发展。如果你以前从未想过这个问题，下面这些法则将帮助你识别自己发出的信号，并协助你改善这些信号，从而引起别人的关注。你不能阻止人们评价你，但你可以改变他们给出的评价，并有意识地影响他们的判断。本章的法则教你如何变得时尚、自信、聪明、整洁得体和八面玲珑。

法则
015

除非握手，否则不许触摸他人身体

你没有必要去触摸和你共事的人，我会给你几个不许触摸他人身体的理由。就像许多法则一样，如果你把同样的法则应用到所有事情上，你的生活就会简单得多。除非你在握手，否则不许触摸他人身体。

这会给你带来一种超然、独立和自主的氛围，适合你作为工作法则玩家的身份。你远离人群；友好但不要过于友好。你的同事可能没有意识到你为何显得与众不同，但"不许碰身体"原则是其中的一部分。

最重要的是，如果你不触摸别人的身体，就不存在"不恰当的触摸"。是的，我知道你无意这么做，但他们对"不恰当"的定义和你认为的一样吗？他们搭着你的肩膀时，将一只手放在你的后腰时，轻轻地拍打你的手臂时，送上一个祝贺的拥抱时，他们站在哪里？每个人在这方面都会略有不同，那么，你将如何评估和跟踪呢？要营造轻松的氛围，不要去触摸他们的身体。

每次触摸带给人的感受都不一样。即使它没有被解释为"不恰当",也可能被视为粗鲁无礼,甚至令人毛骨悚然。这是一个"雷区",为了你自己,不要踏入。

当然,握手是不同的。不握手是不礼貌的。无论如何,你要有自己的握手方式(参见法则16),但是不要在握手的时候拍对方的肩膀,那样就越界了。如果你在一个几乎每个人都击掌的行业工作,你应该是最后一个养成这个习惯的人,但这是握手的一种形式。只是一个简单的击掌,不要玩花哨的套路。

那么,你在工作之外交往的朋友呢?即使是工作法则玩家,也可以拥有一些这样的朋友。你和你的好朋友在工作之外做什么是你们自己的事,但是,在公司工作的时间内,你们就要坚持遵守这条法则。

这是一个"雷区",
为了你自己,不要踏入。

法则
016

|

练就完美的握手

　　我们经常握手，而且通常是无意识的。在正常的工作状态下，你需要在一周内握手几次？你对此有多少想法？短暂的握手可以传递太多的信号，所以你真的应该让你的握手传达出你非常自信、绝对稳妥、确定无疑地令人安心。当别人和你握手时，你应该给他们留下一种充满实力、自信、力量的印象，让他们觉得你是一个完全自控的人——对，这就是你。如果你对握手的"力度"有任何疑问，找一个朋友告诉你。

　　你如何让握手变得更好？握紧一点吧。你总是可以用你的一只手放心地握住你的另一只手，或者你的老板、同事或客户的一只手。但不要做得太过火，以免捏伤他们的手指。

　　你可以随时调整你的握手方式，使其更个性化，更令人难忘。我祖父的握手方式非常棒，他只用他的两根手指（食指和大拇指）紧紧地握着你的手，让你感觉就像和皇室成员握手。

　　握手是非常正式且传统的礼仪。别去想那些击掌的小把戏、共济会式的握手礼等。坚持传统的握手方式，你会给人留下自信和权威的印象。

会握手的人会先伸出手，并且握手的力度恰到好处。他们一边报上自己的名字，一边伸出手来，从而流露出自信，表现出热情、友好、放松和坚信的态度，给人一种魅力四射的印象。他们也会看着你的眼睛，叫出你的名字。我们喜欢听到别人叫自己的名字，这是一个可以勾起回忆的提醒。

在你报上自己的名字前，先要说"你好"。就是这样。你可能想要更现代、更友好地说"嗨"，这取决于你自己。但优秀的工作法则玩家会说"你好"，然后加上他们的名字，从来都不说"嗨，我是市场部的阿里"。这样做的效果是令人愉快的，当然也很友好，但你不会给任何人留下深刻的印象，也不会获得任何好处或优势，还会把自己降低到和资历最浅的人差不多的水平。你不如说"你好，我是阿里·辛普森，市场经理"。这样要好得多。这会让你从人群中脱颖而出。然后，你再坚定自信地与对方握手，这样你就能让对方听命于你了。

别去想那些击掌的小把戏、
共济会式的握手礼等。

法则
017

|

脚步轻快，走出自信和活力

　　我曾经做过一场面向职场女性关于压力管理的演讲。当我走到讲台前开始演讲时，我注意到没有地方可以做笔记（反正我也不做笔记），也没有地方可以站。但有一张桌子，后面有一把椅子。如果我坐在那里，除了前排的观众，其他人都看不见我，而且场面会显得非常生硬和正式。我本可以站在那里，双手放在背后，看起来就像查尔斯王子在和王室工作人员说话。我本可以站在那里，双手放在身体两侧或叠放在腹部，像一个尴尬的小学生。但我要讲的是压力和压力管理的问题。我需要看起来放松、冷静，就好像我在践行我的说教，我要说到做到。

　　最后，我坐在了桌子边。我可以摆动双腿，向后倾斜，向前倾斜，如果我愿意，几乎可以躺下。几年后，我遇到了一个听过那场演讲的人，她说她不记得我说过什么，但我看起来很放松，这给她留下了深刻印象。她说，我演讲完毕，就跳起来和当地记者合影。我不记得了，但她说，我看起来很自信、很放松，也很有活力。

　　这就是我们的目标。当你早晨走进办公室的时候，首先你应该脚步轻快。其他人拖着缓慢的步子走进来，看起来像是宿醉未醒，或者刚从床上爬起来而睡眼惺忪，或者因为长时间的通勤而疲惫不堪。而你到达的时候会精力充沛，为一天的工作做好了准备，这对你来说是一件微不足道的琐碎小事而已。快走而不是慢走，快意味着敏锐，意味着神采奕奕，意味着清醒和充满活力，准备好迎接这一天给你带来的挑战。

　　不过，你的思维不要太快，否则会显得你很匆忙。你需要平稳地控制局面，不匆忙，不懒散，不被吓倒或打败。你需要给人的印象是轻松、充满活力和热情。

────────

当你早晨走进办公室的时候，
首先你应该脚步轻快。

法则
018

打造引人瞩目的风格

这里的关键词是"风格"。这意味着有品位、正式、有教养、成熟、优雅、考究、精致和有眼光。你要打造一种风格，让你在所有事情上都能引人瞩目。把头发染成红色，只穿慈善商店的旧衣服，可能确实是一种风格，也确实会让你引起他人注意，但这并不适合工作法则玩家。想想加里·格兰特（Cary Grant），而不是乔治男孩（Boy George）。想想好莱坞女星劳伦·巴考尔（Lauren Bacall），而不是麦当娜（Madonna）。他们都有格调，也都吸引了大家的关注。但相信我，加里或劳伦才是你想要的风格：经典，永恒，优质！如果你想打造属于自己的风格，你有多种选择：

- 选择一样东西，让自己与众不同。比如，总是穿黑色衣服，或者有一个经典的手袋或公文包。制定一种标志性的着装风格，并坚持下去。

- 永远只买你买得起的最好的东西。

- 永远不要穿紧身的衣服。宽松的衣服会让人觉得贵气和优雅。

- 少即是多。减少珠宝首饰的数量，只买或只戴你能负担的最好且最漂亮的珠宝。不要戴廉价品。

- 如果你化妆，那就选适合你的妆容，让你看起来很漂亮。不要随季节或时尚而改变你的妆容，要以你的外表脱颖而出为准。

- 总是盛装打扮，而不是随意打扮。正式是最好的，非正式是最差的。

- 确保所有的配饰都符合你的着装品位，要时尚、昂贵、宽松、有辨识度、有品位。如果你外表看起来很漂亮，但你拎着一个破旧的公文包到处走，那就没什么意义了。当然，除非那是你的"商标"，在这种情况下，你要确保你的公文包又破又旧，但也足够昂贵。

想想加里·格兰特，而不是乔治男孩。
想想好莱坞女星劳伦·巴考尔，而不是麦当娜。

法则
019

注重个人仪容

每天早上你都需要检查一下自己的个人仪容是否处于最佳状态。细节真的很重要。即使你只放弃了一个步骤，也会有人注意到，这可能是决定你升职的关键因素。每天都要精心装扮，就像要去面试似的。出门上班之前请检查一下：

- 鞋子锃亮，保养良好。
- 衣服平整、干净、崭新，状态良好，没有纽扣脱落，没有撕裂和裂口。
- 勤洗澡，必要时喷香水。
- 每天保持头发清洁，并定期保持良好的造型。
- 男士剃须。如果你留有胡子，检查一下是否有散乱的胡茬、绒毛之类。
- 女性化妆。如果你要化妆，可以选择简妆，但要精致，风格一致，细节完美。

- 牙齿清洁且修复良好，口气清新，舌头干净（无黄腻苔）。
- 指甲干净，修剪整齐。
- 双手清洁，没有因修理旧车、手工或园艺而留下的顽固污渍（做这些脏活儿的时候，戴上薄薄的手套）。
- 如果你吸烟或喝很多咖啡，确保你的牙齿（或吸烟者的手）没有污垢，并使用薄荷糖或口香糖来掩盖口臭。
- 整理和去除鼻毛和耳毛。
- 如果你戴眼镜，确保眼镜与你的脸型匹配，而且每年更换一次以确保你的眼镜无懈可击且完好无损——镜片没有裂痕。

你不必变得虚荣，也不必一直照镜子。不过，一旦你照镜子，就得放松并享受自我欣赏的快乐。我曾和一位女士共事，她每次喝完咖啡或吃完黏糊糊的小面包之后都会去刷牙。这没什么不对，只是会引起别人的注意，她的同事们认为她很奇怪，有点强迫症。她的错不在于刷牙太勤，而在于她小题大做。稍微谨慎一点就好。

每天都要精心装扮，
就像要去面试似的。

法则
020

颜值普通也能保持魅力

毫无疑问，在颜值方面，英俊的人比那些不太英俊的人过得更好，大数据也支持这一观点。英俊的人不必那么辛苦就能出人头地。但是，是什么让一个人魅力四射、英俊潇洒呢？如果你观察一个你认为有魅力的人，你会很难看出是什么让他们看起来这么有魅力。魅力是很难定义的。以好莱坞明星为例，丽莎·米妮丽（Liza Minnelli）、伍迪·艾伦（Woody Allen）、朱莉娅·罗伯茨（Julia Roberts）、肖恩·潘（Sean Penn）都不是典型的漂亮的人，但我们可以看到他们有感召力、有魔力、有磁性，还有一种传奇色彩的态度。他们的魅力扑面而来。他们活力四射、个性鲜明、风度翩翩。

你也必须拥有这些东西。无论如何，它们比长相更容易获得。如果你穿着得体、注意仪容端庄、保持微笑，在任何时候看起来都很好、很冷静，给人的印象是友好、热情、能言善辩和关心他人，你也会给人留下有魅力和漂亮的印象。你的颜值全在微笑和眼神里。照亮整个房间的微笑具有磁性和强大的力量。眼睛闪闪发光，充满活力，足以让我们觉得整张脸都很好看。

魅力还与姿态和造型有关。如果你消沉，就会散发出忧郁和沮丧的气氛。这既不吸引人，也不好看。

你走路时要挺拔、骄傲、自信，握手时也应该这样。你对一切都应快乐自信，这就是魅力。自信的人魅力四射。你的仪容仪表要完美无瑕，你的穿着品位要精湛一流，你的风格要温文尔雅且不流俗套，你的行为举止要华丽而出众，这就是魅力。

你不要：

- 懒散。
- 消沉。
- 看起来邋里邋遢。

你要：

- 尽量改善任何被认为是没有魅力的东西——肉疣、口臭、蛀牙、视力差（别眯着眼了，戴上合适的眼镜吧！）。

你的颜值全在微笑和眼神里。

法则
021

学会保持冷静

　　在工作中，你应该始终保持冷静，无论发生什么，永远不要失去尊严。如果办公室有一场化装舞会，所有人都乔装打扮起来，你就可以和其他人一起谈笑风生。你要远离办公室里那些无聊的事儿。这会给你带来冷漠、狂傲或妄自尊大的名声吗？如果你是一名工作法则玩家，那就不会了，因为你知道你不需要打扮成猫王或仙女等来确保人们欣赏、喜欢和尊重你。任何时候你都要保持冷静。慷慨地给予、支持某项事业，但不要戴上红鼻子小丑道具，至少在你工作的时候要这样。在任何时候都要保持优雅和干练。

　　让我们面对现实吧，你是来工作的。这就是他们付钱给你的原因。你不是来出洋相的。只要你做了那份工作，而且做得很好，那么，你怎么做完全取决于你自己。你可以选择参与办公室的所有社交活动，也可以选择保持一点距离。你与同事的这小小一步，可以使你更可能成为他们的经理。

这并不意味着你不能和你的同事谈笑，只是不要表现得太友好或太个人化，错过晋升到他们之上的机会。如果你很快就要成为他们的老板，那么，和他们保持一点距离是值得的。要做到这一点，你得表现得很冷静。

如果你不知道什么是冷静，试着在搜索引擎中输入"冷"字，看看它有哪些反义词和同义词。比如，暖和（寒冷）、兴奋（冷静）、过时（时髦）。对于暖和，你可以想想出汗的手——不寒冷。对于兴奋，你可以想想圣诞节的小孩子——可爱但不冷静。对于过时，你可以想想厚实的开襟羊毛衫——暖和但不时髦。

所以，我们想要：

- 不暖和——手心不再冒汗。
- 不兴奋——不要恐慌。
- 不过时——这与时尚不同，它是指一种永恒的风格。

冷静的人总能使一切尽在掌握。在危机中，他们不会尖叫着跑来跑去，而是执行安全程序，平静而平稳地处理局势。他们很冷静，时刻保持头脑清醒，很有定力。在困难的情况下，这些人总是别人求助的对象。相信你不会想成为那种惊慌失措的人，你要成为冷静、镇定、泰然自若的人。

在任何时候都要保持优雅和干练。

法则
022

言谈要得体

"言谈得体"是什么意思呢?我是在建议你像播音人员一样字正腔圆地说话吗?当然不是。你可以保留你的口音,这不是问题。想想我们说话的原因,是为了交流和传达信息,而不要考虑我们说话的方式。"言谈得体"意味着清晰有效地传达信息。你怎么说并不重要,重要的是你说得很清楚。"说清楚"意味着口齿清晰。你必须避免下列情况发生:

- 吐字不清地咕哝着——很明显,他们听不到或听不懂你说的话。
- 说话声音太柔或太轻——同样,他们听不到你说的话。
- 使用行话——对你所在部门或专业领域以外的人来说,行话是晦涩难懂的。
- 说任何能表明你属于某个特定群体或社会阶层的语言,换句话说,非工作术语,比如街头俚语。这样的话听起来并不酷，而且很矫情，即使这是你工作之外的日常用语也不好。

- 糟糕的措辞——其实想说的是"一头牛"，却用了"一个牛"——诸如此类。如果你不知道其中的区别，那就找一本语法书研究一下。不要使用诸如"你懂的"或"貌似"之类的口头用语，记得一定要把话说完整。

好好说话，要记住四个关键词：

- 嘹亮
- 清晰
- 愉快
- 简单

这就是好好说话的四要素。如果你都做到了，你就不会出错，人们会记住你说的话，并对你清晰、嘹亮的说话声音印象深刻。言谈得体会产生良好的影响力。如果你没精打采地走进去，吐字不清地咕哝着自己的名字，人们会认为你不自信、不自在，几乎没有人情味，因此他们很快就会忘记你。如果你自信地走进来，清晰而自信地说出你的名字，人们会认为你知道自己是谁、要去哪里，以及你想要什么。如此，他们会记住你。此外，你要言简意赅，直接说出你想说的，不要多说。

———————

"言谈得体"意味着清晰有效地传达信息。

法则
023

字如其人也许并不是传说

我们写作有两个目的：为别人阅读而写作，也为自己阅读而写作。如何为自己写作是无关紧要的。你可以潦草地写下难以辨认的字或像 5 岁的孩子一样涂鸦。没关系，只要没人看见就行。但是，你如何写作以供他人阅读却是至关重要的。以下两点标准可以评判你的文字优劣：

- 你写了什么？
- 你的文章看起来怎么样？

也许你会说你从来不手写，都是用键盘打出来的。那么，你会选择什么字体？为什么用这种字体呢？你会选择什么字号？而且，你必须在文件上签字，这总得手写了吧。你的签名和其他任何东西一样，都是可以被人随意拿来评价的。曾经有人告诉我，看我的签名，感觉我是一个非常富有的人。嗯嗯，虽然完全错了，但确实表明我正在接近我想要树立的形象。最后一个要点是，你要把字写得大大的——大大的签名，意味着你是个大人物。如果你经常手写，那你需要确保你的文字：

- 易读——每个人都能读懂，否则你手写的意义就没了。不努力练字是不礼貌的。
- 整洁——没有划痕、线条匀称，诸如此类。
- 有格调——偶尔来几个花体字。
- 成熟——字迹圆润连贯[⊖]。
- 前后一致——页面顶部和底部的文字应该一样。

书写时注意字与字的间距和字的斜度。你可能不知道，签名或者任何形式的书写，字的倾斜方向与写字者的情绪等也有关系。

确保你的拼写是正确的，语法是正确的——如果无法保证正确，那就好好学习。如果你在打字，就使用语法和拼写检查工具。

如果你打字量很大，请使用 12 号的 Times New Roman 或 Arial 字体，只使用少量的斜体、粗体或下划线。记住，不要只是觉得好玩就把多个花体字混在一起以显示你的不成熟、不稳重。

你如何写作以供他人阅读却是至关重要的。

⊖ 汉字中不同字体的要求不同，一般讲究笔画方圆兼施。——译者注

法则
024

长点心吧，老板正在注视你

你知道你一直在被人监视和评判，这应该不是问题，因为你会一直表现得无可挑剔。不是吗？这不仅意味着你在工作中无懈可击，还意味着在任何时间和任何地点，你都经得起任何与工作有关之人的观察和考验。

你不知道谁能在大多数社交媒体平台上看到你，也不知道将来谁注定会关注你。所以，每次发帖子的时候，你可以想象一下能看到帖子的人，包括你的老板、总经理、最大的客户、你认识的团队成员，他们想抢你的饭碗，还有那个两年前离开的同事，现在可能正准备挖走你……我可以保证，即使现在这一切都是你的想象，这些人中总会有那么几个真的会看到你发布的东西，这只是个时间问题。

你可能在评论昨晚看的电影，或者上传你刚出生的宝宝的照片，或者分享你发现的有趣的东西，或者表达你的政治观点，或者出售东西，或者劝诫人们加入你支持的活动。你能确定这些事情不会引起关注或冒犯吗？我希望不会，其中一些甚至可能对你有利，这很好。但你先把它们过滤一下以确保无论是现在还是将来，你愿意让同事看到它们。

是的，你还要考虑将来。有些评论或观点现在可能在很大程度上是可被接受的，但可能在几年后就无法被接受了。看看其他人因为过去发的某个帖子而被人抓住把柄的例子吧。在大多数情况下，如果他们当时想清楚了，可能就会重新考虑发布帖子的内容（甚至改变观点）。

过去几年，当我招聘高级职位或重要职位的人才时，我的标准做法是在社交媒体上查看应聘者的发帖情况。我只是为了确保任命他们不会发生什么让我们难堪的事情。这些事情也会给公司带来不好的影响，更不用说人事变动和重新发布职位广告的费用了。这种情况正变得越来越普遍，如果你打算在社交媒体上露面，就不能把你的帖子与你的工作完全分开。所以，你要确保不会出现不必要的麻烦。

你能确定这些事情不会引起关注或冒犯吗？

第三章

制订计划

　　你清楚自己的目标吗？如果不清楚，那么很可能你最终将一事无成。聪明的工作法则玩家清楚地知道他们要去往哪里。他们会制订计划，比如，半年计划、一年计划、五年计划。他们已经规划出了他们想要实现的目标。他们已经计划好了自己的赛局，并且知道竞赛规则。你也要学会制订计划。工作法则玩家不会固执己见，他们会根据情况改变计划，思维变通，因为他们是聪明灵活的思考者。

法则
025

制定长期目标，实现梦想

你的整个职业生涯的工作计划是什么？不知道？还没想过？大多数人都没想过。这就是他们失败的原因。如果你没有制订计划，就会倾向于随波逐流，就像漩涡里的一堆漂浮物一样，非常可悲。工作法则玩家会制订计划，包括长期计划和短期计划。

长期计划可以很简单，从求职成功、晋升、达到顶峰，到退休、死亡；或者，长期计划也可以很理智和有价值。如果你打算从事某一职业，研究你所选择的行业的工作计划是有意义的。显然，你必须为突发事件和"失控"做好准备，但精明的工作法则玩家会在看到迹象和征兆后提前修改他们的长期工作计划。最近我跟一个人聊过，他说："当时谁能预料到裁员呢？"答案是，任何有头脑的人都能看到自己所在行业的发展方向。

所以，研究一下你所选择的行业，看看要达到你想要的职位需要哪些步骤。推算出你需要做些什么来完成这些步骤，以及计算出需要多少步骤（通常不超过 4 步，包括初级、中级、高级、高管）。如果你不这么认为，就不要写信给我探讨此事了。

你要弄清楚你想从每一步中得到什么：获得经验、承担责任、学习新技能、理解如何管人，诸如此类的事情。你会注意到，在这里，"增加我的收入"并不是一个选项。如果你是一名工作法则玩家，这是一个既定的结论。

你还要弄清楚每一步是如何完成的：调到另一个部门，调到另一个分公司，受邀成为合伙人或加入董事会，调到另一家公司，诸如此类的事情。一旦你知道了每一步是如何完成的，你就不需要花太多时间来弄清楚你需要如何去执行。

你必须有一个终极目标。这个目标可以高到你喜欢的程度——首相、首席执行官、世界首富等。这是一个梦想，因此没有限制。如果你给自己的想象力设限，那么你将不得不满足于没有做到最好、没有做到完美、没有得到你应得的。你说我们必须现实一点。好吧，那就现实点。但一名工作法则玩家会追求梦想的极致，只要能达到顶峰就足够了。

如果你没有制订计划，就会倾向于随波逐流。

法则
026

制定短期目标，兑现你的黄油和面包

短期到底有多短？这完全取决于你。我有三个短期计划，即当月计划、当年计划和五年计划。这似乎为我提供了足够的信息来计划我的工作量，还允许我在短期内制订影响我的家庭的计划。我可以考虑假期、帮孩子择校、打理花园或房屋、参加生日派对和过圣诞节等。

- 你的月计划应该清楚地列出当前的工作项目，包括截止日期、优先任务、基本日程。这是实际正在进行的工作。
- 你的年计划应该包括正在构思、计划的项目。这是针对你计划中的工作，而不是执行中的工作。
- 你的五年计划应该包括你的想法、梦想、目标和愿望，是关于你打算在某一天执行的工作计划。

你的长期计划将包含一条预设好的职业道路。你的五年计划将包括你执行长期计划所需的任何步骤。

我倾向于为这三种短期计划分别做记录。我把月计划写在桌子上的剪贴板上。它只有一张清单，上面列出了最后期限、回访电话和要做的事情。我想这有点像日历，但不用每天都保持记录。

我的年计划就挂在墙上。它不是挂图或年度计划，而是一张包含 12 个方框的单页纸。每个方框都代表一个月，里面写着我在这段时间里想做的事情。这是我想做的事，而不是我必须做的事。年计划是为项目和活动做的积极准备。这是一个短期计划，而不是待办事项清单、日历或工作日程表。因为我是自由职业者，所以我必须创造工作。这项工作是我的生计，也就是我的面包和黄油，它们会在我的月计划或年计划中产生。这项工作是由我想做的项目和我必须做的项目组成的。我必须做的是面包，而我想做的是黄油。比如，写这本书是一种乐趣，让我内心愉悦。

我的五年计划是我的大致方向，表明在接下来的五年里我想做什么样的工作。你的短期计划将包括你必须做的工作，但主要是你想做的工作。期限越短，读起来就越像工作计划，而不像愿望清单。

所有计划都应包括付诸行动并使之实现的实际步骤，否则它们就不是"计划"，而是模糊的想法。

在这些计划中，你必须建立一个应急预案。有人打电话给你一个项目，你不能因为它不在你的计划中而拒绝它，你必须灵活变通。

———————

所有计划都应包括付诸行动并使之实现的实际步骤。

法则
027

了解晋升系统

当你开始你的职业生涯时，你是从最底层开始的，你带着崇敬和敬畏的神情看着老板、经理、总经理。总有一天，你会不可避免地变老，积累了丰富的经验，并提升了自己的职务。要么这样一步一步往上爬，要么自己创业。对大多数人来说就是这样。在职业生涯方面，他们会含糊地往上走，经常偏离轨道，并在一个他们看起来舒适、安逸、快乐的台阶上停下来。就是这样。职业生涯结束了，工作计划也终止了。除非这是他们真正想要的结果，否则这就是悲催的人生。如果你是一个忠实的工作法则玩家，我对此表示怀疑。

工作法则玩家从不迂回或模糊地到达任何地方。你要有计划。你了解晋升系统并加以利用。你知道，从 A 升到 B 再一直升到 Z 所要经历的一切步骤。

如果你想进入晋升系统并受益其中，就必须研究一下。等待事情的出现，或者等待命运的牵手，靠运气或机遇推动你向上发展，都是没有用的。你必须抓住每一天，创造属于你自己的运气。你必须确切地知道如何避免所有陈词滥调，并在晋升系统中提升自己。

那么，你了解所在行业的晋升系统是怎样的吗？你研究过吗？研究一下那些前辈们的经历和背景吧。如果你不研究，那你很可能是在依靠运气前行。这可能没什么问题，也可能让你达到你想要的目标，但这有点不可靠，好像买彩票并希望一夜暴富，然后退休享福。这可能会发生，但发生的可能性不大。

请制作你的岗位晋升图。

- 在你的行业内，把目光投向你可能担任的最高职位，或者你期望自己达到的最高职位——它们实际上是一回事。然后，请做个标记。
- 现在看看最低职位，请做个标记。
- 绘制中间的所有步骤。
- 标记你所在位置。
- 列出实现目标所需的步骤。

你现在有了自己的晋升图，就可以一边执行，一边划掉已执行的步骤。

同样的方法也适用于创业的你——如果你想自己当老板，而不是成为企业的一员。

你在这样做的时候，也要列出成功完成每一步所需的所有技能或经验等。然后，你要在描述技能和经验的文字旁边添加你的必做事项——你必须去哪里、你必须学什么、你需要学什么。你可以把这些添加到你的长期计划和五年计划中。

————

你必须抓住每一天，创造属于你自己的运气。

法则
028

制订工作计划，使命与愿景同行

制订一个工作计划有点像演员选择一个角色并学习剧中台词一样。你的工作计划必须写明你要成为什么样的人。没有多少人会有意选择成为失败者，但这往往是他们最终的归宿。不要让这种事情发生在你身上。一旦你掌握了主动权并制订了自己的工作计划，这种情况就不会发生。

你的工作计划是一种个人使命宣言。这与设定目标是不同的，目标是指你想完成什么工作或成为什么样的人，而工作计划是指导你实现目标。

那你想成为谁呢？成功的人？失败的人？放弃希望的人？站起来掸去身上的灰尘，重新开始的人？才华横溢的职业战略家？职场输家？或者这些都不是？

显然，你可以做个冷酷无情、令人不快、报复心强的人，但我们假设你不会这样做，工作法则玩家从来不属于这些类型。你的计划应该包括你的品质和你的愿景详情，比如，"我想要成功，成功后依然善良如初"。

没有多少人会坐下来有意识地进行这种练习。这可能看起来很简单，却是让你实现目标的必要手段。如果有更多的人这样练习，他们就不会成为办公室里的傻瓜、无聊的人、说长道短的人，也不会在与同事打交道时变得冷酷无情。如果我们都必须坐下来撰写我们的工作计划，然后照做，我们最终都可能成为更好的人。你在与周围的人打交道时，尽最大努力做到愉快、乐于助人、友好、善良和诚实，这样就不会产生恶果。谁会坐下来写："我要做一个彻头彻尾的混蛋，我要竭尽全力去诬陷无辜，让每个人都讨厌我，尽量让自己不受欢迎？"是的，没有人会写出来，但有很多人就是这样计划的，我也有这样的同事。

确实，这样的人可能很成功，但他们晚上怎么睡得着？他们如何自处？

我曾经和一位相当资深的经理一起工作，他的手段是到达办公室后，在穿过整个部门的过程中尽可能多地训斥员工，然后回到办公室，喝半小时咖啡，休息一下，再走回来，对每个人都非常友好。我问他这样做的原因，他说："这让他们保持警觉。他们永远不知道和我在一起是什么感觉。"每个人都不喜欢他，大多数人都害怕他，他的同事对他一点也不尊重。这是一份优秀的工作计划吗？不是。

没有多少人会有意选择成为失败者，
但这往往是他们最终的归宿。

法则
029

设定目标，别让人将你带偏

目标是一个简单的任务陈述，甚至用一句话就可以搞定，而你可以一整天向着目标前进。如果你不设定目标，那你获得成功或升职的概率就很渺茫。

目标概述了工作清单中的关键元素。举个例子，你要去参加一场会议。现在我们都讨厌开会，因为会议可能没完没了、无聊、没有成效、适得其反，而且是无休止的愤怒和争论的来源。你知道财务部的安吉会出席会议，并尽其所能——通常也能很成功地——把你搞得紧张兮兮。你会被他带跑题，最后会讨论搬迁到斯温顿的题外话，而这甚至对你的部门没有任何影响。你知道最终你们将讨论展会中展位的预算，而展会要六个月以后才办，公司甚至还没有决定今年是否要派你去参展。所以，你要设定一个目标：

- "在这次会议上，我只会就我了解、理解、与我相关的事情发言，无论安吉说什么，我都不会被他带偏。"

很好。现在坚持下去。

假设你必须向财务委员会提交一份报告，介绍在总部新大楼前修建花坛的新成本。你知道，财务委员会可以就不相关的话题喋喋不休好几个小时，比如，是种牛眼雏菊好还是种沼地毛茛好，而你所需要做的就是向他们展示种子、割草设备和干草设备的成本，不必纠结于哪种花在春天最吸引人的细节。所以，设定一个目标：

- "我会提交我的报告，一旦有人提出意见，我会找借口离开。如果委员会坚持讨论与我出席会议无关的问题，我将果断地指出这一点，然后离开。"

很好。现在坚持下去。

为你工作和生活的每个领域都设定一个目标。设定目标只需要几秒钟，但确实有助于你强调：

- 哪里出了问题。
- 解决问题的方法是什么。
- 为纠正错误而采取哪些行动。
- 防止问题再次发生的方法是什么。

———

如果你不设定目标，
那你获得成功或升职的概率就很渺茫。

法则
030

识别你的团队角色

你在团队中的角色是什么？我知道，你在做一份工作，履行一项职能，完成某些任务，遵循既定的程序，等等。但你在团队中的角色是什么？这有点儿像制订工作计划。一份工作计划可以概述你将成为什么样的工作人员。团队角色是指你将成为什么样的职场人士。你会是个有创意的人吗，还是调解者、善于沟通的人、外交官或激励者？基本上，你的角色就决定了你融入团队的方式——是的，我们都是有团队精神的人，这个时代要求我们必须做到这一点。

为了提高职场人士的优势，英国心理学家梅雷迪思·贝尔宾（Meredith Belbin）博士花了几十年的时间研究团队工作的本质。他确定了9种不同的团队角色：

- 智多星（Plant）：他们产生新的想法，为问题提供解决方案；他们以截然不同的方式思考，拥有发散性思维，富有想象力。

- 外交家（Resource Investigator）：他们富有创造力，喜欢接受想法并付诸行动，外向且受欢迎。
- 协调者（Coordinator）：他们高度自律，控制能力强，能专注于目标，能在团队内部团结一致。
- 鞭策者（Shaper）：他们非常注重成就，喜欢挑战，注重结果。
- 审议者（Monitor Evaluator）：他们善于分析、平衡和权衡，冷静而超然，是客观的思考者。
- 凝聚者（Team Worker）：他们是支持者和合作者，也是优秀的外交官，因为他们只想为团队做最好的事情。
- 执行者（Implementer）：他们有很好的组织能力，通情达理，喜欢完成工作。
- 完成者（Completer Finisher）：他们会检查细节，懂得事后整理，兢兢业业。
- 专家（Specialist）：他们致力于获得一项专业技能，有动力和奉献精神。

那么，你属于哪一种呢？你在团队中扮演什么角色？你对自己的角色满意吗？你能变换一下角色吗？

你的角色就决定了你融入团队的方式——
是的，我们都是有团队精神的人，
这个时代要求我们必须做到这一点。

法则
031

了解自己的优点和缺点

如果你想成为一名工作法则玩家，就必须对自己保持非常客观的态度。很多人都做不到这一点，他们不能把聚光灯调到足够亮并聚焦在自己身上，以别人看待他们的方式来客观地看待自己。这不仅关系到别人如何看待我们，也关系到我们如何看待自己。我们的心中都有自己以为的自我形象，比如，我们的长相和声音是什么样的，我们的动力是什么，我们是如何工作的。但是，这个形象有多真实呢？我认为我的工作很有创意，也很古怪；其他人则认为我的工作杂乱无章，没有条理。这是真的吗？哪一种形象才是真实的呢？

要知道你的长处和短处，你首先要了解你的职场角色，即你的工作方式。我可能会把创造性看作一种优势，比如，有很多可爱的想法、不注重细节、喜欢想出新项目，但不愿意完善或付诸实践。这些都是优势吗？如果你不能完成或执行新项目，那就不是优势，而是劣势。相反，我的优点是坚韧、勤奋、稳重、顺从、坚定、遵守纪律。哎呀，这也可能是缺点吧？所以，你必须先了解自己的角色，然后才能对自己的优点和缺点做出主观判断。

如果有疑问，那就列个清单，这是我力荐的惯常做法。写下你的优点和缺点。请把这个清单展示给你没有合作关系的好友。询问他们的客观评价。然后，请把这个清单拿给你可以信任的同事看。好友和同事对这个清单的评价有差异吗？我打赌有很大的不同。这是因为你在友情中的特殊技巧与你在工作中的专业技能完全不同。

这条法则教你去了解自己的优点和缺点，而不是让你以任何方式去努力改变自己。我们应该接受，这是我们必须面对的。你很可能思维混乱、飘忽不定、难以捉摸，这是好还是坏呢？这完全取决于你的角色。你可能需要改变你的角色，从而更好地适应你的优点和缺点。

很多人认为，认清自己的优点和缺点意味着自己要丢掉不好的缺点，只保留好的优点。这不是明智之举，因为这不是心理治疗，这是真实的世界，我们都有弱点。我们要学会与自己的弱点共存，而不是试图做到完美，这是不切实际的，也是没有成效的。

你也许能找到更好的方法来利用你的弱点，将劣势转化为优势，不是吗？好好想想吧。

———————

你必须先了解自己的角色，
然后才能对自己的优点和缺点做出主观判断。

法则
032

在关键时刻来一次漂亮的出击

眼镜蛇有强大的力量、大量的毒液、超多的能量。但你多久能看到一次眼镜蛇出击的场面呢？很少。眼镜蛇只有在以下情况下才会使用所有的能量：

- 适当的时候。
- 有意义。
- 占优势。
- 有益处。
- 必要时候。
- 重要时刻。

眼镜蛇在遇到危险或需要进食时会发起攻击。其他时候，你根本不知道它们在哪里。除非迫不得已，否则眼镜蛇不会露出它们的"饭铲头"。职场中的你扮演的就是眼镜蛇的角色。在不必要的时候使出你所有的能量和力量是没有意义的。你要做的就是找出关键时间和事件，然后来一次漂亮的出击。

眼镜蛇的关键时刻很容易识别，那就是受到威胁和感到饥饿的时候。但你的关键时刻呢？识别出来要困难得多。

为了写一份只有几个同事看到然后就被遗忘的小报告而通宵工作，是没有什么意义的。等到你需要撰写直接送到总经理办公桌上的大报告时，你就要像眼镜蛇一样凝聚力量主动出击。

当然，很多人都在等待关键时刻，比如办公室派对、重要展览、皇家访问，然后他们却把事情搞砸了。他们要么喝醉了，要么把台词弄乱了，要么迟到了，要么生病了，要么出场时没有系好领带，要么把裙子塞进了衬裤里。

关键事件是什么？这里有一份不错的演示报告。你做好了，报告就会令人难忘；你搞砸了，被遗忘的就是你本人。

你不会搞砸的。识别这些关键时刻和事件，并对它们发力。你要像眼镜蛇一样，在适当的时候全力出击。

———————

在不必要的时候使出你所有的能量和
力量是没有意义的。

法则
033

|

直面危机，证明自己的机会来了

　　职场危机每天都从各个方面向我们袭来，比如解雇、裁员、收购、同事要心机、老板发脾气、技术革新、系统升级、新程序出现。事实上，我的整本书都致力于讨论危机（主要来自变化），以及如何应对这些危机。如果我们能反应迅速、灵活敏捷、从容应对、坚持到底，就能在变化中生存下来，甚至会像最资深的柔术家和运动员一样游刃有余。当然，我们不可能做到所有这些。有时危机会压倒我们，将我们压扁。这种事情发生在我们每个人的身上。生活在近距离向我们开火，我们几乎没有时间躲避，这是无法逃避的事实。

　　危机总是这样。一旦危机发生，我们就只能应对。虽然危机依然存在，还会引起恐慌，但不会造成伤害。判断哪些危机会变成现实是一项技能，需要我们练就火眼金睛。危机有很多，我们不能对所有危机都做出反应。

　　如果我们不将危机视为威胁，而是将其视为机遇，就会有所帮助。每一个危机都是一个成长和改变、适应、重新设计管理方法和风格的机会。如果我们的态度是积极的，倾向于把危机看作积极的东西而不是消极的东西，那么它便给我们提供了证明自己的机会。如果我们从不接受挑战，就永远不会进步。

我曾在一家被收购的公司担任经理。新老板带来了他自己的经理，我与其他两个人被"降级"了，换句话说，就是降职了。我们别无选择，当然，我们可以选择辞职不干。那时候，我已经成为一名忠实的工作法则玩家，所以，我认为这是一个向新老板证明我足够优秀且可以成为经理之一的机会。三个月后，我又回到了经理的岗位。

另外两个人，一个后来辞职了，一个保持"降级"状态。他们都发牢骚、爆粗话，觉得这是一种贬损、贬低和侮辱。可能是吧，但我不需要为此感到沮丧。我需要官复原职，好好工作，天天向上。

每一个危机都是一个成长和改变、适应、重新设计管理方法和风格的机会。

法则
034

机会就像球，扔来就得接住

　　我知道，我说过要制订计划，包括长期计划和短期计划。但是，有时候计划必须被扔到窗外。这就是特殊机会来临的时候。我有一个朋友，他的晋升计划进展得不是特别快。有一天，他坐火车，发现他和他的董事长在同一个车厢里。这是他展示自己的机会。他可能会说错台词、出洋相，或者太尴尬或太紧张，没能抓住机会。但这些事都没有发生在他身上。他的推销很完美。他所做的只是非正式地交谈，但要保持对董事长的尊重；他表现出对公司历史、使命宣言和总体目标的敏锐把握，展示了自己的得体、聪明、好口才；他表达清晰且有条理；最重要的是他没有明显地突显自己的优势。他知道什么时候该闭嘴，什么时候该退让。这确实奏效了。后来，董事长给他的部门主管发话了："你手下有一个聪明的年轻人，让他多干点，好吗？"除了提拔他，她还有什么别的选择吗？

　　这就是抓住机会。你不能把这些写进你的计划，但这些时刻会到来的。当机会来临时，你必须：

- 识别机会。
- 好好利用机会。
- 保持冷静和温文尔雅。

你不能做的是：

- 未能认识到时机的本质，这是一个稍纵即逝的机会。
- 恐慌。
- 玩过头了。
- 兴奋到让自己出丑。

学会把机会看成球。如果有人将球扔向你，你只有一秒钟的时间去接球，没有时间提问、回头看、权衡利弊或跳狐步舞。你要么接住球，要么失去机会。

花点时间回顾一下你错过了什么机会。如果第二次有同样的机会，你会怎么做？你现在会有不同的反应吗？你做错了什么？

————————

学会把机会看成球。如果有人将球扔向你，
你只有一秒钟的时间去接球。

法则
035

让学习成为一生的使命

我曾经结识一位老兄，他出身贫寒，无法按照自己的意愿接受教育。他在 14 岁时辍学，终其一生都在从事海关工作，并一步步晋升为中层管理人员。当他 65 岁退休时，他认为他终于负担得起他梦寐以求的深造了。因此，他获得了法律学位，接受了培训，并在 70 岁左右获得了律师资格。我们中有多少人会有这样的学习态度（不考虑精力够不够的话）？

当你看着孩子们学习的时候，你会发现他们是多么享受其中。当然，不是在枯燥乏味的老师面前死记硬背，而是在受到启发和激励时非常开心。我们的大脑还和我们小时候一样。嗯，我们可能失去了一些小小的脑细胞，但我们仍然可以享受学习带来的快乐。如果你不继续学习，就会停滞不前，变得枯燥乏味、墨守成规。如果你不学习，就无法改变，那么生活还有什么意义？

所以，把不断学习作为你的明确目标吧。我认识一位苏格兰的老师，他从小就梦想成为一名宇航员。毫无疑问，这和他学校里的大多数朋友一样。然而，他做了一些不同的事情，他没有让日常生活阻碍他实现人生目标的脚步。他高瞻远瞩，重视学习和进步。

结果，他获得了奖学金，前往亚拉巴马州的美国太空和火箭研究中心进行为期一周的高强度太空训练，包括零重力练习和模拟航天飞机起飞。这太酷了，不是吗？之后，他就可以追求自己的梦想，把这些知识传授给他的学生。这一切都归功于他把生活当作一门持续不断的课程来对待。

我们都可以向他这样的人学习[⊖]。还记得小时候激励你的事情吗？或者想想让你感兴趣的新事物。学习新的工作技能是有价值的，比如学习一门新的语言或研究一款新的计算机软件。任何学习都能让你的视野开阔、自由，让你的思维得到锻炼，这对你的工作和雇主都有好处。所以，无论什么让你兴奋，坚持下去，把它作为你学习的目标。

如果你不学习，就无法改变，
那么生活还有什么意义？

⊖ 如果我们这样做了，我们就已经遵循了这条法则。

第四章

不说好话就闭嘴

  本章的法则很容易理解，但很难遵循。我们都喜欢说闲话，发牢骚，在背后说老板的坏话。然而，我们的法则是不要这么做。你要学会只说积极的、美好的、赞美的话。人们通过你说的话和你说话的方式来判断你，所以，你要让别人觉得你是一个和蔼可亲且积极向上的人。

法则
036

八卦可听不可传

"你知道吗，在上次公司会议上，有人看到会计部的拉杰在周日凌晨从市场部的黛比的卧室里走出来。他们已经两次在午餐时间一同出现在路易吉餐厅。凯西发誓说，她看到了拉杰和黛比在电梯里手牵手。拉杰结婚了，你知道的，我还以为黛比订婚了呢。你怎么看？他们应该继续这样下去吗？"

你的回答："这与我有什么关系？"

是的，这不关你的事，除非拉杰恰好是你的老板，他的工作因此受到了影响，或者你恰好是黛比的未婚夫。这条法则说，你不能八卦。这并不是说你不听八卦。你可能会发现八卦很有趣，知道发生了什么有时挺管用。但这条法则有一个非常简单的部分，那就是不要传递任何八卦消息。就是这样。流言蜚语到此为止。如果你只倾听，却不传达或提出意见，别人会认为你是"自己人"，而不是煞风景的家伙。你不必表现出不以为然的样子，只要不传递任何消息就行了。

八卦是无所事事者的职业。那些没有足够的工作要做的人就是靠八卦来消遣的，那些从事无须动脑工作的人也适合聊八卦，他们不需要思考就可以完成任务，因此要用无意义的闲言闲语、流言、谎言和恶意的故事来充实自己的灵魂。问题是，如果你不参与八卦，就会被视为傲慢。你必须看起来好像你也在八卦，但你从来没有这么做过。不要趾高气扬地告诉每个人聊八卦是件多么愚蠢的事。

对大多数事情来说，谨慎是关键。不要让别人看到你的不满，记得要把这种情绪藏起来。随着时间的推移，人们会注意到流言止于你，这本身就对你有利。他们不仅会尊重你，还会向你吐露心声。你永远不会滥用别人的秘密，但如果你能在不损害倾诉者的情况下利用好这些秘密，那么有时也会对你有利。

———

这条法则有一个非常简单的部分，
那就是不要传递任何八卦消息。

法则
037

不要抱怨

是的，生活是不公平的。有时候，同事们会相互推诿，而你却要承担额外的工作；老板们可能准备不足，因此做事经常前后矛盾；你身边愚蠢的人都得到了晋升；你有太多的工作要做；公司有太多愚蠢的制度存在。真的，生活就是一地鸡毛。

现在告诉我，在这些情况下，抱怨起什么作用？告诉我，发牢骚能改变什么？抱怨不会改变什么，也不能改变什么。抱怨是那些没有足够工作可做的悲伤者发明的一种浪费时间的手段。他们通常站在八卦者旁边，甚至可能和八卦者是一路货色。等他们痛痛快快地抱怨完之后，他们就会好好地八卦一番。

抱怨是毫无意义的，也是徒劳无益的。抱怨的副作用是：

- 界定你是个懒惰的、小气的、浅薄的人。
- 怂恿你嘴角下倾以表示反感，这样不好看。
- 浪费时间。

- 让你成为吸引其他抱怨者的磁铁。
- 你会得到一个臭名声——此人无法提供有成效或有帮助的建议。
- 让你失去动力，陷入恶性循环。

那么，如果你是一个习惯性的抱怨者，你会怎么做呢？很简单，无论什么时候抱怨，你都要确保为你抱怨的事情提供一个解决方案。如果你看不到解决办法，就不能抱怨。尝试几个星期，你会很自然地停止抱怨。

说别人坏话总是发生在别人背后。下次你觉得需要好好抱怨某人的时候，就去当面跟人家说。如果他们不在房间里，就不要抱怨他们。这条法则很简单，但很有效。一旦他们在场，你就不会再抱怨了；当你让办公室里的每个人都不高兴的时候，你就很难继续抱怨了。如果你有话要说，就当着他们的面说（但一定要先看看本章的导语：不说好话就闭嘴）。

抱怨是毫无意义的，也是徒劳无益的。

法则
038

为不受欢迎的人说说情

你和几个同事坐在一起，一边喝咖啡，一边闲聊有关小梅根的话题。现在我们都知道小梅根是个讨厌鬼。她不尽职，偷懒，偷笔和回形针，对保安很粗鲁，总是把尽可能多的工作推给别人，把自己的错误归咎于他人，真是令人讨厌。所以，你们都在背后抱怨她，把针对她的愤怒一吐为快。但你没有这样做。别人可能会，但你不会，从现在开始，你不会这样。你现在是一名工作法则玩家，你懂得站在别人的立场想问题。

不管年轻的小梅根多么令人讨厌，你总能发现一些关于她的美好和真诚的东西。你的目标就是无论如何都要找点好听的话说。

一开始这可能很难，但如果你坚持下去，就会变得越来越容易，因为这完全是一个习惯和精神面貌的问题。如果我们习惯了抱怨和发牢骚，那我们就会这么做。但是，如果我们改变自己的行事方法，就可以变得更加积极，尽管最初做出这种改变确实需要一些努力。

无论如何，站在别人的立场上说话，会让你赢得一个好名声——你总能指出别人的优点。因此，在那些你想抱怨但没有抱怨的人知道后，在所有的员工中，你就是那个永远为他们考虑的好队友。这会让你获得一种不言而喻的忠诚，并和团队中不受欢迎的成员产生一种守护天使般的关系。

这是一种奇怪的关系，但它会产生奇迹，即这些人会在紧急情况下支持你。如果有人想诬陷你，他们会提前告知你。他们会为你竭尽全力，因为他们知道你在乎他们。如果你需要帮忙，他们就是你可以召唤的人。

令人惊讶的是，你是一个好人的消息很快就会传播开来——你不会抱怨，不会发牢骚，会为弱者挺身而出，会支持别人，而且总能看到他人的优点，哪怕这个人糟糕透了。

显然，你必须以一种诚实和真诚的方式来寻找别人的优点，因为撒谎或编造是没有用的。如果你一开始找不到任何积极的话语，那就闭嘴吧。但总有一些好听的话要说，没有人是完全邪恶的、恶劣的或污秽的。

现在回到小梅根的话题。你想说什么？嗯，首先你可以指出她总是很准时，或者她很擅长平息顾客的怒火，或者她很有幽默感，或者她对科技很在行。你要不停地说："但她很好，因为她……"

这会让你获得一种不言而喻的忠诚，
并和团队中不受欢迎的成员产生一种守护天使般的关系。

法则
039

真诚地赞美他人

这条法则的关键是"真诚"。你不能虚情假意地、虚伪地、肤浅地、不诚实地或不真诚地赞美他人。赞美必须是真诚的、坦率的、朴实的、有意义的。

你要变得善于赞美他人，就需要练就很棒的技巧。你不想让别人觉得你是一个可鄙之人或令人毛骨悚然的家伙，而那些不懂如何赞美别人的人，最后往往会落到如此下场。可你真的希望表现出真诚的热情和友好。

那么该怎么做呢？为什么要这样做呢？嗯，如果你表现得和蔼可亲，人们对你的印象会非常好，这就是办公室里的善缘。最好的做法就是不做复杂的事情。你只要说"这真是一件漂亮的衣服"，然后问一个关于你所赞美的事物的问题："你是在哪儿淘到的？"

- "我很喜欢你对待那位顾客的方式，你谈笑风生时是什么感觉？"
- "我得说我喜欢你的报告，董事会对它的看法如何？"

尽量避免使用夸张的表达方式。你不是"爱"他们的新外套，你只是"喜欢"它。记住，如果你"爱"一个人，你就会想和它结婚生子。而对于外套、报告、发型，或者对待顾客的方式，"爱"这种说法则不合适。

如果你"喜欢"某件事，尽管说出来。你可以这样强调你有多喜欢某事：

- "我真的喜欢……"
- "我确实喜欢……"
- "我能告诉你我有多喜欢……"

"喜欢"是一个很棒的开场白，但我们不一定要以"喜欢"开启一段对话：

- "令我印象深刻的是……"
- "我认为你做得很好……"
- "你那样做……确实很好。"
- "我很喜欢你的演讲。这真的很特别。"

在赞美别人的时候，确保你不会被指责是在调情或对别人献殷勤。请保持专业性，或者谈与工作有关的事情。我相信你不会说那些无关的话题。

你要变得善于赞美他人，
就需要练就很棒的技巧。

法则
040

要积极，要开朗

如果你每天早上都带着积极的情绪去工作，那么，压力、烦恼和问题对你来说，就像鸭子背上一瓢水，一点感觉都没有。别人眼里的你掌控自如、应对有方、放松、自信、极其成熟。如此，你可以一路吹着口哨去上班。

你要时刻保持愉快的心情。外面下着雨，这是一个阴暗而压抑的冬日下午。生意不景气，利率又上升了，老板心情不好，大家都垂头丧气的。但你没有理由失去快乐。所以，这是糟糕的一天，但一切都会过去，太阳会再次升起。不管你陷入了怎样的困境，事情总会变好。

你的诀窍就是保持愉快和积极的态度。一开始，你不必相信这句话，只管去做。你要表演乐观，你要假装快乐，一定要这样做。之后你就会发现这不是一种表演，你真的感到快乐。这是个骗局。你是在欺骗自己，而不是别人。微笑会触发你体内的激素，从而让你感觉更美好。一旦你的感觉好转，你就会笑得更多，从而产生更多的激素。你所需要做的就是在不喜欢微笑的时候强颜欢笑，并开启微笑的美好循环，这样你就会一直感觉美好。

一旦你被视为一个开朗、积极的人，人们就会更想和你共事。没有什么比一个开朗的人更有吸引力的了。

带些鲜花到办公室，装点一下你的办公桌。微笑，欢笑，永远不要表露出你内心的沮丧。当有人对你说"你好吗"时，你却回答："哦，我想我不能抱怨，你知道的，挣扎着继续下去吧。"这是陈词滥调，还是一个坏习惯。请你试着说："很好，真的很好，做得不错。"这是我给你的小窍门。

就在你以为你能看到隧道尽头的一丝曙光的时候，有人给你带来了更多你必须要做的工作。这是不可避免的，也是你职责的一部分。你可能会脱口而出："哦，不，该死的活儿又来了。难道大家看不出我有多忙吗？这真的太过分了。"如果这是不可避免的任务，抱怨也改变不了什么，你可以微笑着说："好吧，就把它丢在那里吧，我一会儿再处理。谢谢。"为什么要斥责交代你任务的信使呢？我相信他们吩咐你做这么多额外的工作不是为了惹你生气。要做额外的工作是一件很累人的事，但那又怎样？所以，振作起来，继续努力吧！你多抱怨一秒，你的生命就少一秒。快乐和积极的每一秒都是使生命增值的每一秒。你自己选择吧！

————

所以，这是糟糕的一天，
但一切都会过去，太阳会再次升起。

法则
041

提问，愉快聊天的正确打开方式

本条法则的目的是让你：

- 广受欢迎。
- 得到晋升。
- 取得成功。
- 表现极佳。
- 高效做事。

要做到这一点，最简单的方法就是学习并养成提问的习惯。你应该问什么样的问题呢？这显然要视情况而定。例如，在"法则39：真诚地赞美他人"中，我们使用了几个提问的例子。在本条法则中，我们还可以继续这个话题，比如，"我真的很喜欢你的演讲。我感觉你非常冷静。你是如何避免紧张颤抖的呢？"或者"我喜欢你处理发票的新方法。你是怎么想到的呢？"

你爱提问，表明你关注、关心、感兴趣、有想法、体贴、聪明、有创造力。愚蠢的人不会提问，无聊的人不会提问，懒惰的人不会提问。有什么问题吗？

好斗的人倾向于发表声明："我不喜欢那个想法，它行不通。"工作法则玩家会提问，他们的意思可能相同，但处理方式不同："我想我需要更多关于这个想法的信息。你认为它是如何运作的？发货部门能应付新添的订单吗？我们可以额外提供足够的员工来弥补吗？也许我们都需要走开一下，再多考虑一下这个问题，你们怎么看？"你没有说这个想法很糟糕，但他们知道你是这么想的，而且他们也认为你是个好人——你没有在他们的同事面前批评他们，反而给了他们一个脱身的机会，如果他们接受这个机会的话——"走开一下，再多考虑一下这个问题"意味着方案被否决了，但这么说比较委婉。

提问是很明智的做法。这表明你对你的同事很感兴趣。但你要真诚且友善地提问，你的问题要有意义。

你不要这样问："你那件外套到底是从哪儿弄来的？你没发觉它不合身吗？"如果这件衣服真的很难看，最好不要老想着它。相反，你应该问工作方面的问题："你为什么总能这么快地得出每周的数据？你有什么我们不知道的秘密吗？"

就像"法则 38：为不受欢迎的人说说情"一样，即使某些人令人讨厌，也总会有一些好的方面，没有人是完全邪恶的。提问也是如此。你总是可以询问别人工作的某些方面，或者他们的爱好、社交生活或家庭轶事。即使是简单的"孩子们好吗"，也会打破僵局，让你显得友好与善良。提问开启了对话，产生了愉悦感，并在每天一起工作的人们之间营造了温馨的氛围。

———————

这表明你对你的同事很感兴趣。

法则
042

勤说"请"和"谢谢"

你可能会认为，说"请"和"谢谢"是很明显、很基本、很基础的礼仪，所以这绝不可能是工作法则的一部分。抱歉，我还是得强调说"请"和"谢谢"的重要性。人们说这两个词的频率还远远不够。有人会说自己太忙或太健忘，有人觉得没必要每次都说"请"和"谢谢"，这是心照不宣的事。胡说八道！"请"和"谢谢"被忘记的唯一原因是毫无礼貌。如果我们开始忽略最基本的礼仪和礼貌，那么我们的生活就真的没有意义了。如果你对人不够讲文明、讲礼貌，或者懒得说"请"，那么你该打包走人了。

哪怕只是有人递给你一张纸，他递给你几次，你就得说几次"谢谢"，无一例外。不管你要请求多少次同样的事情，你总是要说"请"。如果有人为你做了什么事，无论多么平凡、琐碎、重复、无聊，甚至不费吹灰之力，你都应该说一声"谢谢"。

如果你忘记一次，就会被贴上粗鲁、粗野和令人不快的标签。别忘了，你要给别人带去快乐。我曾经和一位经理共事过，她能让员工心甘情愿地加班加点，而其他经理都做不到。我们都看着她，试图弄清楚她做了什么我们做不到的事。她为什么得到了我们得不到的团队忠诚。我知道你会先我一步想到答案，你已经举手回答了："她说了'请'和'谢谢'。"

是的，她确实做到了。而这一点简单的礼貌用语却起到了很大的作用。我认为她的员工并没有意识到这一点，我们也是在很长一段时间内都没有发现这一点。我们大多数人认为，我们也说了"请"和"谢谢"。但她没有落下任何一次说"请"和"谢谢"的机会。记得一定要说到做到。真诚而热情的感谢会让你受益匪浅。这也是回应别人恭维和赞美自己的好方式之一。如果有人说你做了一件很棒的事，不要脸红，也不要磕巴地说"其实没什么"。这会使他们的赞美黯然失色。你不如说："谢谢你。"千万不要用"求求你了宝贝"之类的甜言蜜语来哄骗和诱骗对方。你可以这样问："能请你在这个午休时间继续工作吗？因为我们需要额外的电话服务，我会确保你在今天傍晚换休。"你不要如此问："求求你了宝贝，你能继续工作吗？"

真诚而热情的感谢会让你受益匪浅。

法则
043

—

不说脏话，不骂人

我知道大家都说脏话，有人还认为这很酷。我知道我们必须跟上时代的步伐，观念要开放一点。但是，对不起，你还是不能说脏话。回到家里，或者独自一人在车里，你想说什么就说什么。但你不能在工作中爆粗口。这是一条简单的法则，但很有效，因为"不说脏话"是一个默认设置。你没有选择的余地。这是你的底线。你不骂人，所有棘手的东西都会从你的身边消失。

但如果说脏话是你的习惯，你就有很多决定和选择要做。我很怀疑你能完成任何工作。例如，你有没有：

- 一出问题就骂人？
- 在电话里骂人？
- 在老板面前说脏话？
- 在顾客面前爆粗口？
- 咒骂顾客？

- 来来回回就骂那几句？
- 侮辱性极高还是伤害性不大？

这是一个雷区，也是一场噩梦。不要冒险去扫雷或误闯噩梦空间了。这是一个效率性指令，可以节省你的时间和精力。如果你根本不骂人，那就不必考虑这条法则了。

————

回到家里，或者独自一人在车里，
你想说什么就说什么。但你不能在工作中爆粗口。

法则
044

做一个合格的倾听者

我并不是说你应该为所有人提供一个舒适的肩膀，让他们枕着你的肩膀哭泣。事实上，良好的倾听不仅是洗耳恭听，更是一种心理治愈。一个好听众会让说话者知道他的话得到了倾听。你可以：

- 鼓励对方诉说——"嗯，说下去，我在听"。
- 展示适当的肢体语言——头偏向一边，眼睛睁开，看着说话者，不要打哈欠或摆弄手表。
- 重复一些内容以确保他们知道你已经听进去了——"周五下午 3 点，是的，我记住了"。
- 让他们重复你没有听过或听不懂的东西——"你能重复一下有关彼得堡的事吗？我不确定我是否理解了"。
- 提问——"所以，现在不会搬去格洛斯特了？"
- 做笔记——在他们说话的时候把东西记下来。

你为什么想成为好听众呢？我的意思是说，你为什么想成为善于倾听的人呢？很简单。你会：

- 得到更多事实。
- 更好地理解自己应该做什么。
- 更好地掌握周围发生的事情。
- 被视为富有同情心和体贴的人。
- 被视为聪明而警觉的。
- 被视为能驾驭自己工作的人。

如果你不倾听，就不会对某事知情。如果你要倾听，一定要让对方知道你在倾听。很简单。

善于倾听是一种技能，也是一种特殊的才能，你必须练习和学习。这不是一夜之间就能掌握的，也不是自动发生的。你必须思考一下，如果你不小心分神了，就要立刻意识到并将注意力转回来。

善于倾听是一种技能，也是一种特殊的才能，你必须练习和学习。

法则
045

言之有理，理智发言

为了获得成功和晋升，你必须树立正确的形象，比如明智、成熟、可靠、冷静、老练、值得信赖、有经验。有时，所有的辛勤工作都可能因为一句粗心的话或一不留神的时刻而被摧毁。越来越多的人因为发表不恰当和欠考虑的言论而失去工作或遭到诋毁。他们在开口说话或在社交媒体上发帖之前都没有三思而后行，所以他们没有做到"言之有理"。在日常生活中，你要懂得规避某些严重的失态，还要避免说某些错话：

- 冒犯性的笑话或言论，或者针对某一群体的不当言论。
- 任何形式的性别歧视。
- 盛气凌人的言语。
- 傲慢的言论。
- 突显脾气暴躁的话语。
- 侮辱性极高的脏话（参见法则 43）。

- 骂街、抱怨、八卦（参见法则 36 和法则 37）。
- 透露你对某些人的真实看法。

　　少说话，而不是唠唠叨叨，这也许是明智之举。如果你管不住自己的嘴，就很有可能会说错话。如果你在说话前仔细思考，学会斟酌和闭嘴，那么你的表达很有可能是准确的，因为它是经过仔细编辑的，你只会说有意义的话。这样你就得到了聪明和成熟的美誉。人们会来找你寻求建议和指导，因为他们知道你会在开口前仔细思考，而不是喋喋不休。他们会信任你。一旦被信任，你就是晋升和成功的天选之人。

　　确保你说的话有影响力，不会淹没在办公室的喧嚣中。不要谈论你昨晚看了什么电视节目。老实说，没有人对此真正感兴趣。所以，你要保持沉默，直到你有重要的内容可以提供。

———————

　　有时，所有的辛勤工作都可能因为
一句粗心的话或一不留神的时刻而被摧毁。

第五章

照顾好自己

　　和你打交道的大多数人可能都很正派，也很好相处。然而，总有一些人不是这样的。你无法避开他们——那些无耻之徒，那些嫉妒你的同事，那些会抓住任何机会在你背后捅刀子或者把你打倒的人。他们一有机会就会让你一败涂地。你要确保你的新形象不会让你成为别人的攻击目标。本章的法则将教你如何减少树敌并保持领先一步。当你越来越成功的时候，你自然会引来嫉妒和羡慕。你可以通过实践本章的法则来避免这种情况，并照顾好自己，尤其是要防止别人从背后捅刀子。

法则
046

|

了解你所在行业的道德规范

　　你是做什么工作的？我不是指实际工作。我的意思是你对社会有什么贡献？你的贡献是积极的、有益的、健康的吗？你所在的行业是做什么的？你在这个行业中扮演了多大的角色？你是否考虑过你所在行业的道德规范？

　　我们所说的道德规范是什么意思？道德规范就是你所在行业的品德标准——对与错，好与坏。你所在的行业是好是坏？它会伤害人还是治愈人？它是把一些积极的东西带入社会，还是仅仅从社会中拿走一些东西？

　　然而，假如你突然觉得自己所在的行业很糟糕，你也不必离开。你能做的就是从行业内部着手改变。我认为我们不必在这里谈论环境问题，尽管我知道这可能是我们很多人关心的问题。相反，我希望你把注意力集中在你所在行业的道德行为上。

　　很明显，如果你确实认为你所在的行业的做法是不合理的——我就遇到过这种情况，当时我走开了——并且你根本无法忍受，那么你必须离开。这是职场善举，即使你在经济上有所损失，你也会从中受益。

你所在的行业有好有坏。偶尔会有人要求你越界做坏事。稍后你会读到"法则48：设定个人标准"，但显然，重点是要为你的行业设定标准，而不是为你个人。你必须指出，从道德上讲，你被迫做的坏事对公司不利。你要不断地问："如果媒体知道了这件事，他们会怎么做？"你还可以帮这些坏人假想一个头条爆款标题："某公司用国外廉价劳动力取代被解雇的工人。"

是的，你可以像你喜欢的那样自信，并拒绝照做，但你可能会被贴上"懦夫"、害怕弄脏自己的手、没有勇气去突破，诸如此类的标签。所以，你必须指出这件事对公司的影响。你必须让"举报者"的观念深入人心："嘿，如果人们知道了这件事会怎么做？"这样你既能成为公司的一员，又能打出道德牌，同时也是社会大众中的一员。

要做到这一切，你必须了解你所在行业的道德规范，知道它的贡献在哪里。现在就开始研究吧。

你所在的行业是好是坏？
它会伤害人还是治愈人？

法则
047

了解你所在行业的法律法规

你们的公司违规操作了吗？你有违法行为吗？你知道你所在行业的法律法规吗？

我曾经为一个行事磊落的组织工作。他们为自己是行业的标准制定者而自豪。几年后，他们突然改变了方向，弃善从恶。这很奇怪，我不明白为什么会发生这种事。高级董事会成员并没有改变太多，环境似乎也不要求我们变坏，我们不是在为生存而战。但突然间，法律被打破了，我指的是法律法规。我突然发现自己在为一家不诚实、腐败的公司工作。我该怎么办？有一段时间我睁一只眼闭一只眼，但最终我也被迫参与违法活动。就在那时我离开了。我保住了自己的荣誉和声誉，去为他们的对手公司工作。一到新公司，我就被问及我的老东家及其发展情况，但我不会透露任何信息，以免我的新老板从我的老公司身上获得好处。我不知道我在坚持什么，但我认为保守商业秘密应是一种美德。我很乐意谈谈他们做生意的方式，只要不涉及法律问题就行。

几年后，我发现自己服务的这家公司被我的老东家接管了。后来他们被抓了，也受到了惩罚，但改过自新了。我还想再为他们工作吗？不是特别想。但我确实接受了一位高级主管的面试，他说他很高兴我加入他的团队，他说："至少你知道怎么闭嘴。"我觉得这位领导有点不对劲，于是我离开了。

那么，你的行业有多清白呢？你的公司有多清白呢？你必须知道你可能会被迫去做什么，以及什么是合法的、什么是违法的。

有些行业有着极其细微和琐碎的法律，你可能会在几乎没有意识到的情况下违反了这些法规。但你必须意识到这一点。想成为一名工作法则玩家，你必须非常清白，远离质疑，从不让自己成为任何事情的替罪羊。如果他们要找一个笨蛋，确保那个笨蛋不是你。一定要清楚地待在警戒线的这一边，不要一不小心越过它。

如果你选择铤而走险，那是一回事，但如果你因为不知情而锒铛入狱，那就太糟糕了。做一个无知的替罪羊很愚蠢，"但我不知情"从来都不是有效的辩护词。

想成为一名工作法则玩家，
你必须非常清白。

法则
048

——

设定个人标准

你晚上睡得着吗？我反正能睡着，只因我设定了自己不会打破的个人标准。

- 在追求事业的过程中，我不会故意伤害或阻碍他人。
- 我不会故意违反任何法律来促进我的职业发展。
- 我会有一个无论如何都会遵守的道德准则。
- 我将努力通过我的工作为社会做出积极的贡献。
- 我不会做任何让我在孩子面前羞于启齿的事情。
- 我将始终把家庭放在第一位。
- 我不会在晚上或周末工作，除非是紧急情况，而且我已经得到了伴侣的批准。
- 在寻找新工作的过程中，我不会欺骗任何人，因为这样不公平。
- 我会一直努力把东西放回原处。

- 我将免费而公开地将任何技能、知识或经验传授给在同一行业中可以利用它们获益的任何人——我不会为了自己的利益而独享信息。
- 我不会嫉妒同行中其他人的成功。
- 我会不断质疑自己所做事情的长期后果。
- 我将始终遵守工作法则。

这是我个人设定的一套行为法则，可能不适合你。你可能需要一套更好的法则，我也不希望你选择一套更糟的法则。在任何时候，我们都必须努力做到最好。

在任何时候，我们都必须努力做到最好。

法则
049

———

绝不说谎

这条法则就像"法则 43：不说脏话，不骂人"一样，非常简单。它设定了一个你不需要考虑的底线。"绝不说谎"的意思就是字面意思——千万别撒谎。在任何情况下你都不能撒谎。一旦你有了从不说谎的好名声，你就不再需要掩饰自己，也无须为任何人掩饰。

如果你决定以撒谎为生，就得做太多的选择和决定。你的底线在哪里？你只会撒些小谎，还是滔天大谎？你说谎是为了自救，还是为了其他人？你为公司撒谎吗？你为老板撒谎吗？你为同事撒谎吗？你的谎言会发展到什么程度？当第一个谎言看起来就要被识破时，你还会继续以谎圆谎吗？你将在哪里停止连环撒谎的过程？你会把别人也扯进来吗？或者，你愿意做一个孤独的骗子吗？

你能看到问题所在吗？如果你遵循了本条"绝不说谎"的法则，就有了一个默认的设定，不需要思考，不需要选择，不需要决定，不需要备选方案，不需要挑三拣四，不需要优先考虑。

你不说谎，就无须内疚、恐惧、自责，也不必担心谎言带来的风险——不用担心被惩罚、被解雇或陷入尴尬的风险。你不会排斥你的同事、把你的家人置于危险之中，也不用冒着被刑事起诉的风险和晚上睡不着觉的风险。

对你的工作和事业来说，永远不要说谎是最简单、最明白、最诚实的法则。

当然，吹嘘你的简历、经验或热情是可以的，但请不要真的撒谎。我保证，你的谎言总有被揭穿的那一天。

如果我向出版商提供一本书稿，他们问我这本书怎么样，我不会说："我想还可以吧。"相反，我会说："简直太棒了。它会畅销的，很可能是我们正在寻找的最棒的畅销书。"这些都是谎言吗？不完全是。如果我不觉得这本书很精彩，我就不会写了。它真的会畅销吗？有可能。我凭什么确定呢？这是一个多变的市场。我这么说是谎言吗？不是。

你可以吹嘘自己的品质、技能或专业知识，只是不要说谎。谎言是任何可以被证明绝对错误的东西。如果你不是一名合格的软件程序员，你说你合格，那就是谎言。说自己是软件编程高手，这是你的主观判断，而不是事实。如果有人质疑你，而你不能快速回应，就不要撒谎或美化自己。

———————

你可以吹嘘自己的品质、技能或专业知识，
只是不要说谎。

法则
050

永远不要替别人打掩护

你是一名工作法则玩家，这意味着你追求完美，你为自己设定了极高的标准。其他人不会有这些标准。显然，他们不会因此像你一样成功，但他们可能会试图让你降低自己的标准，或者让你加入他们的行列。你是怎么做的？再次强调，使用一个简单的默认设置就好了。在任何情况下，你都不用为任何人掩饰什么。

这样就很简单了。你不需要考虑这一点，因此也无须做出选择或决定。你很清楚自己的立场。你已经让你的同事清楚地知道他们的立场。你已经让你的老板知道你不会替任何人打掩护，因此你不容怀疑，值得信赖、依靠，无可指责。

如果你决定替别人打掩护，你的生活就会变得很复杂，真不值得这么做。例如，你只为亲密的同事或任何提出要求的人打掩护吗？你只掩饰小事故还是也包揽大事故？你为欺诈行为做掩护吗？你为过失犯罪做掩护吗？如果你被发现了，你会怎么说？当你被解雇时，你如何向你的家人解释这一点？

当一个亲密的同事求你为他打掩护，而他可能也是你的朋友时，你如何处理？你可以相当果断地说"不"，而无须做解释；或者，你也可以说"请不要求我，如果你求我，我也不得不说'不'"，缓和一下气氛，给他一个借口，保全他的面子。

一旦你做到了这一点，事情就变得容易了，因为你已经建立了从不掩饰的声誉。最难的是忽视某人的请求中夹杂的情感勒索。但在现实中，做到忽视这一点很容易，因为如果他们并没有为你着想，那你为什么不敢拒绝他们呢？他们在向你提出请求时就已经是自食其果了。

如果他们给你施加压力，你可以像卡住的唱片一样反复说："不，我不能，请不要求我。不，我不能，请不要求我……"他们会当场崩溃的。永远记住，真正的朋友永远不会要求你为他们掩饰什么。

如果你决定替别人打掩护，
你的生活就会变得很复杂，真不值得这么做。

法则
051

好记性不如烂笔头

当出版商同意和我合作出书时，我们会起草一份合同，明确所有可能在过程中被遗忘的事情。这样，当我交付手稿时，出版商说"但这只有 100 页，我以为我们说好了 200 页"，我便可以拿出合同，找到明确规定交 100 页的条款，或者相关的内容。

如果你的老板让你做某件事，而你当着他们的面把它记下来，他们就很难在事后跟你争辩你做错了或迟交了。

如果你必须提交一份报告，那就给你的老板发一封简短的电子邮件，概述重要的事实，这样以后就不会有困惑了。记得存档，确保你的老板知道。

但如果你没有做什么好事，存档也帮不了你。相反，它澄清了所有问题。如果你做了书面记录，事情就简单多了，也容易多了。谁能和一封写着日期的电子邮件争论呢？

令人惊讶的是，最微小的细节往往会引起重大的纠纷，除非你一开始就把它写在了纸上。做记录不是一件烦琐的事情，而是一个明智的预防措施。没有人拥有完美的记忆力。我们都会忘记一些事情——日期、时间、细节。一旦我们做了记录，日后就有可供参阅的东西了。我们常常惊讶于自己对某件事的记忆是多么糟糕。

你会经常在管理书籍中读到这样的建议：删除超过一定年限的邮件。如果你六个月都没有看过它，那么你就不需要它了。胡说八道！你要保留一切。如果是纸质记录，比如一份订单的副本或一封老式的信件，请腾出更多的归档空间，而不是扔掉任何东西，除非你百分之百确定以后不再需要它。我曾经和一个出版商（当然不是培生集团）大吵了一架，起因是我五年前为他们写的一本书。这是一场合同中没有涉及的纠纷。但我保留了我的原始笔记，还可以展示出来（有点儿像学生在学校里展示数学作业），并且可以证明他们出版的内容就是他们所要求的。我摆脱了困境。谁也不能让我扔掉任何东西。不能！

如果你做了书面记录，

事情就简单多了，也容易多了。

法则
052

学会区分"真相"和"全部真相"

虽然我们已经确定你永远不会撒谎，无论如何也不会为同事遮遮掩掩，但你也不必装腔作势，夸夸其谈。你不需要主动散布消息，除非它能提供直接的帮助。知道同事搞砸了，并不意味着你必须跑去找老板告发他们。相反，退后一步，观察事态的发展，可能是有益的。如果你的同事知道你已知晓一切却什么也没说，他可能就会觉得欠你一个人情，也许以后可以供你调用。

当然，如果有人问你，你也不能撒谎。但是，再次强调，要知道"真相"和"全部真相"之间的区别。不撒谎是一回事，把你知道的一切都吐露出来是另一回事。有时候，对你所说的真相进行一点编辑是值得的。工作法则的美妙之处在于，你在成功的同时，仍然可以自重，做一个实实在在的好人。这意味着你不能撒谎、不能掩饰，但也意味着你不能监视、揭发、背叛、陷害你的同事，让他们陷入困境。

听着，这是一个真实的世界，可能是一个相互竞争的残酷的世界。小心，有一些非常讨厌的人存在于这个世界。你的身边可能有残酷无情的事情发生，但你不必参与其中。你也不必成为某位老师的宠儿。你要时刻保持头脑清醒，知道什么时候该泄露秘密，什么时候该闭嘴。

我猜，你必须担任这些角色：外交家——知道该说什么和什么时候说；武术家——独立思考；治疗师——你让别人把他们的问题告诉你，你把自己的问题留给自己；禅师——见多识广，但很少开口。

所以，当有人问你的意见时，你必须权衡他们真正想问的是什么。他们真的想知道真相吗？"这份报告烂透了。"还是他们想听一部分真相？"这份报告还算说得过去。"还是他们想听关键部分？"你的报告很好，但你遗漏了很多东西。"还是他们只想听让人安心的那部分真相？"你的报告写得很好，我很喜欢，我喜欢你是因为你的报告写得很好。"还是他们想听真正的真相？"我还没来得及看你的报告，因为我不喜欢你，觉得那份报告会很无聊，有点儿像你本人。"

你的身边可能有残酷无情的事情发生，

但你不必参与其中。

法则
053

做真诚的旗手，善待你的支持者

如果你不为别人打掩护，那你对他们还有什么用呢？正如我所说的，这是一个真实的世界，人们对你的期望很高。他们想让你欠他们的人情；他们想让你背锅，替他们打掩护，替他们干脏活，为他们保驾护航。所有这些都是同时进行的。但你现在是一个遵守工作法则的人，这让你远离了琐碎的办公室帮派斗争。你现在是一个独立的个体。你不跟鲨鱼一起进食，你也避免自己葬身鱼腹。你是何许人？你是为了什么？

你是平静之池，是风暴之眼。你是团队中可靠的力量，雷打不动，坚定不移。你是默认的标杆、诚实的代表，是所有其他同事评判自己的标准。如果你认为那是一个禁区，他们就会知道那是一个禁区。如果你对一个棘手的情况置之不理，他们也会知道这是不能碰的。如果你说没事，他们就知道这是件好事。

你是旗手，是评判其他人的标准。不相信我吗？试试吧，效果不错。

因为你是如此可靠、诚实、值得信赖，其他同事很快就会依赖你的建议和指导。然而，你的任何馈赠都不是免费的。每一次鼓励、每一次正确方向上的刺激、每一次有用的暗示和提示、每一次指导都是有代价的——忠诚。你可能不跟族群一起打猎，可是，天哪，族群最好知道谁才是真正的首领。对，就是你。如何做到这一点？你要仁慈、体贴、坦诚相待。永远不要让他们失望，永远不要出卖他们，永远不要让他们陷入困境。永远保持乐观，支持他人，待人诚恳，不要撒谎或掩饰，但如果可以的话，尽可能团结他们，保护他们，与他们合作，关心他们，真诚地对待和关注他们。你会让他们听命于你的。为什么？因为这是一场罕见的博弈。耍花招会让人防不胜防，希望这种事儿不要经常发生。很少有管理培训类书籍或课程教你如何变得友善、正直、诚实。心照不宣的"智慧"一般是心狠手辣、相互利用、相互侵害。结果就是每个人都缺乏人情味儿，像疯狗一样。而你应该走过去，告诉他们应该怎么做，他们会跟着你去任何地方。

————————

耍花招会让人防不胜防，
希望这种事儿不要经常发生。

法则 054

谨防办公室恋情

有些人说你不应该和同事约会，因为这会导致怨恨、压力、嫉妒、分心、沮丧，而且通常会损害你的工作和声誉。就算一切都进展顺利，恋人之间也难免争吵或分手。

在某种程度上，我同意这种观点，你当然没有理由在办公室聚会上落入行为不端的陷阱。如果你想和会计部那位美女同事一起狂欢，又忍不住要去触碰底线，那最好还是别参加派对了。至少，如果你想遵守工作法则，就不要那么干。

问题是，"谨防办公室恋情"这条简单的法则是有缺陷的。如果我听从了这个建议，我的前三个孩子就永远不会出生，我也不提倡这样的结果。你看，许多人通过工作认识了他们未来的伴侣，你不能忽视这种可能性。

那么，工作法则玩家该怎么做呢？这里有一个答案，即只允许自己谈一场以结婚为目的的办公室恋爱。当然，你不确定这段恋情能不能持续下去，如果没有结婚的可能，那就不要谈这场恋爱。你可以问自己一个很好的问题：这个人对你来说比这份工作更重要吗？如果你必须放弃其中一个，你会选择哪个？如果你宁愿放弃这份工作也不愿放弃这段感情，那就继续吧 ⊖。当然，幸运的话，你也不必放弃。

如果你和同事发生了恋情，当然你必须成熟起来，并对此负责。为你俩制定一些基本原则，让你们的恋情不会影响工作，而你的成熟和理智也会受到同事和经理的尊重。

这里有一些基本原则可以帮助你：

- 不要在公众场合秀恩爱。
- 不要挤在一起窃窃私语或开玩笑。
- 让你的直接同事和经理知道，否则他们会发现有些事情正在发生，但却不知道是什么事情。然后，你们还是应该注意自己的行为。
- 如果存在利益冲突（这是你的老板需要知道的一个原因），要求重新分配某些任务。例如，你不能明智地评估、管理或面试对方。

————————

当然，你不确定这段恋情能不能持续下去，如果没有结婚的可能，那就不要谈这场恋爱。

————————

⊖ 我的意思是说，没有必要在约会之前先通知同事。

法则
055

了解同事的动机，跟人家好好相处

请问，你工作的动机是什么？我们知道你是一名工作法则玩家——诚实、勤奋、努力、敏锐、成功和懂得自我激励。你把工作做得非常好，给老板留下了深刻的印象，赢得了同事的尊重，赢得了下级的钦佩和忠诚。晚上回到家，你知道自己完成了一天的工作，对每个人都很友好，是个十足的好人。你晚上能睡个好觉，是因为你没有陷害任何人，没有违反任何法律，也没有做任何不好的事情。你挣得很多，但那不是你的工作动机，你的工作动机是成为最棒最好的那个人。但其他人的动机是什么？要想和其他人好好相处，你需要了解他们的工作动机。

了解其他人的工作动机，意味着你必须进入黑暗朦胧的心理世界。人们的工作动机有很多：

- 权力。
- 金钱。

- 威望。
- 复仇。
- 伤害他人。
- 渴望被爱。

不管他们的工作动机是什么，我敢打赌，他们都不是遵守工作法则的人。对于他们，你太显眼了——冷漠、冷静、有控制力、有尊严、老练。你要小心对待那些以个人需求、恐惧和贪婪为动机的人。你必须确保自己站在他们的正确一边，而不是奉承他们，你要用计谋战胜他们，而不是堕落到他们的水平，但也不要疑神疑鬼。

现在环顾一下你的办公室，找出每一位同事的工作动机，包括你的上司和上司的上司。学会识别他们的工作动机，你就能很容易对付他们。

你要小心对待那些以个人需求、
恐惧和贪婪为动机的人。

法则
056

坚持信仰，为正义而战

有时候，你会发现自己遵守工作法则，而你周围的人却不一定像你一样。他们可能腐败或不诚实，抗拒改变或不愿与你打交道。你会怎么做？

听着，我知道这很难，但如果你降低标准，只会让事情变得更糟，而不是更好。当然，你不必一直待在原来的工作岗位上，但我明白，有时候离开一份工作并不那么容易，你可能会觉得自己必须坚持下去。所以，保持道德制高点，坚持你的信仰：正派、有节操、诚实、待人公正、有骑士精神、不断进取。如果你举止不端，别人凭什么要这么做？也许改善的希望很渺茫，但这是你唯一的希望了。

我曾经从一位读者那里听到她就曾陷入这样的境地。她显然是一个完美的工作法则玩家，坚决拒绝在自己的标准上妥协。她努力创建合作团队，推动变革，虽然不受欢迎，但早该如此。她的一些同事因此感受到威胁，他们指责她的各种腐败和不良行为，想迫使她离开。你知道吗？她的上司们彻底驳回了这些指控。你看，遵守法则是有好处的，尽管她在工作中遇到了种种问题，但她的经理们并不愚蠢，他们看到了一个敬业的、忠诚的员工，因此非常器重她。

所以，如果你有类似的情况，我很同情你。我只能说，坚持住。如果你让他们影响到你，或者更糟的是让你按照他们的方式做事，你将无法生存，也无法入眠。如果没人为正义而战，那最后的机会也消失了。但实际上，大多数人更愿意友好、正派、诚实和团结。他们只是不想成为第一个冒着生命危险去做的人。在腐败的环境中，人们更容易腐败。但如果你表现出别人缺乏的勇气，很多人就会追随你。当然，不是所有的盟友，但只要有几个盟友，就会让你感到更快乐，并证明你无论如何都要做正确的事情和遵守工作法则。

如果没人为正义而战，
那最后的机会也消失了。

法则
057

这只是一份工作，不要被情绪裹挟

该说的也说了，该做的也做了，这只是一份工作。它不是你的健康、你的爱情、你的家庭、你的孩子、你的人生或你的灵魂。顺便说一下，如果是以上任何一种情况，那么你就真的犯了严重的错误。

你的工作只是一份工作。是的，我知道你需要钱，你需要……但这只是一份工作，还有其他的事情在等着你去处理。

即便在工作中度过糟糕的一天，你也不应该：

- 失眠。
- 厌食。
- 失去"性致"。
- 烟酒无度。
- 滥用药物。
- 易怒。

- 沮丧。
- 紧张过度。

你会惊讶地发现，人们会因为一天的坏心情而更加频繁地做这些事情。是的，他们可能一连几天心情都很烦躁。但是，单个来看，这也只是一天的糟糕情绪。你必须学会放下、放松，别太较真，要更多地享受过程，并换个角度看待事情。

培养一个爱好，过上一种生活。你必须为了生活而工作，而不是为了工作而生活。不要把坏心情带回家，学会自信，学会说"不"。要把家庭放在第一位。花点时间和你的孩子们在一起。他们很快就会长大，如果你把工作放在第一位，你会错过孩子们宝贵的童年。相信我，我见证了我的孩子们的成长，这是如此之快，以至于令人恐惧。陪伴的日子可能看起来缓慢而有压力，但时间一晃而过，不可挽回地逝去，你终究错过了它，因为你晚上正在处理文书，或者在周末参加另一场无聊的会议。

这只是一份工作。

你必须学会放下、放松，别太较真，
要更多地享受过程，并换个角度看待事情。

第六章

融入群体

  没有人喜欢一群白羊中唯一的黑羊、一群黑乌鸦中唯一的白乌鸦，或一群鱼中唯一游向不同方向的鱼。本章的法则教你如何融入群体，成为"他们中的一员"，这样你就不会显得像一个局外人。你可能会脱颖而出，成为团队的领导者，变得更好且更有效率，但你仍然是"我们中的一员"，因为你知道如何才能融入群体。

法则
058

了解企业文化并融入其中

每个企业、公司、行业甚至小办公室都有自己的文化。了解这种文化会给你带来优势，这是成功的关键。

文化就是人们做事的方式。这种文化有时是由公司主导的，但主要是由人创造的。它是自然发展起来的，没有计划或战略。如果你不了解这种文化，或者没有利用该文化，你最终会显得很愚蠢，然后很容易被利用或被贬低。

请记住，大约70%的解雇不是因为某人不能很好地完成工作，而是因为他们不了解企业文化，并且不能融入其中。

看看这个相当有声望的设计工作室 BMD 的招聘广告。当这家公司的老板布鲁斯·茂（Bruce Mau）想招聘新员工时，他做了一个包含大约 40 个问题的测试，其中包括："谁拍了一部只有蓝色的电影？"[⊖]

⊖ 顺便说一下，答案当然是英国多才艺术家德里克·贾曼（Derek Jarman）的辞世遗作《蓝》（*Blue*）。

布鲁斯在招聘广告中写道："避开田野，跳过栅栏。"因此，他吸引了一些优秀、富有才华的顶级设计师来为他工作，或者用他自己的话说，他和他们并肩作战。

　　你认为，布鲁斯希望得到什么样的企业文化？你如何融入其中？你觉得布鲁斯对你会有什么期待？

　　你不需要接受企业文化，也不需要相信企业文化，你唯一要做的就是融入其中。如果他们都打高尔夫球，那你也打。我知道你讨厌高尔夫球，但如果这是你融入群体的必要条件的话，你会去打的。当然，现在你可能会质疑自己是否想要融入其中。你可能会质疑打高尔夫球是否是你想要的。但如果你是一名工作法则玩家，你想要获得成功，你也想成为某一家以打高尔夫球为企业文化的公司的一员，那么，你必须去打高尔夫球。

你不需要接受企业文化，也不需要相信企业文化，
你唯一要做的就是融入其中。

法则
059

请用企业语言，但不能说脏话

融入群体意味着能够遵循企业文化，而会说企业语言是其中很重要的一部分。你可能会因为没有使用正确的企业语言，或者在错误的时间使用企业语言而不慎泄露秘密计划。如果他们都使用科技术语，那你也必须使用这样的企业语言。不，这不是在讨论你是否想加入一个遍地都是科技怪杰的公司。那是你在无法入睡的清晨自我反省的时候独自做的事情。

如果老板谈论"员工生产效率"，那么你也必须谈论"员工生产效率"。你的工作不是教育他们，再教育他们，陶冶他们，通知他们，教导他们，给他们上课，拉他们一把。他们说的企业语言是你必须说的。我知道，有时候，这种企业语言会把你逼疯，但这是你必须说的语言。

我曾经为一位意大利老板工作过，由于英语水平不高，他喜欢用"顾户"这个词，这是他对"顾客"和"客户"的一种混合称呼。因为他是老板，这个荒谬的术语进入了公共领域，从总经理到其下属的每个员工都在说"顾户"。我本可以站在那里尖叫："不，不，不，这是不对的，马上停止说'顾户'。"那对我可没什么好处。我在那里的时候一直都是说"顾户"，每次听到这个术语我都很讨厌，但我知道工作法则，所以只得也称客户为"顾户"。

花点时间听听你办公室里的同事们是怎么说话的。他们说的是标准语言还是一种奇怪的地方变体？我在这里说的不是口音问题，而是那种每个办公室都有的像"顾户"一样的习惯。

只有在说脏话的时候才需要打破这条法则。法则43让我们不要说脏话，但如果企业文化是人人都说脏话，你该怎么办？答案是不要说脏话。在这种情况下，法则43推翻了法则59。

———————

如果他们都使用科技语，
那你也必须使用这样的企业语言。

法则
060

或盛装打扮，或穿搭休闲

你的穿着总是优雅、时髦、潇洒。但如果你在一家设计公司工作，那里的员工都穿牛仔裤和 T 恤呢？那样的话，你也要穿牛仔裤。只要确保你的牛仔裤最漂亮、最时髦、最时尚、最现代——不，没让你将其熨烫得没有折痕。

你可以先看看其他人的做法。如果在会议上，他们脱掉外套，卷起袖子，那你也该这么做。如果是非常正式的场合，需要穿夹克，那你也要这样穿。我知道，貌似这是显而易见的事。你会惊讶地发现，在会议中，你经常会看到一个人按照不同的鼓点前进，这就是那个会被其他人排斥的人。

在或多或少的程度上，我们都需要归属于某个群体，去适应、去融入、去伪装自己，这样我们就不会引起不必要的注意。显然，如果是老板脱了外套，那你也要这么做。但不要盲目效仿别人的做法。我们这里说的是一般情况下的衣着打扮，而不是每时每刻都要盛装打扮。

我常常发现，最好的做法是坐下来休息一两分钟，看看别人在做什么，而不是第一个去模仿带头起哄的人。退一步看，这可能是一个悬崖，而不是一个晋升的机会；或者是一个跳板，但下面没有水。

我一直觉得，榜样的力量是强大的，我们可以参看榜样的行为，看看他们是否会做某件事或穿某种风格的衣服。在我的商业生涯中，我经常使用加里·格兰特（Gary Grant）的案例。我喜欢问："加里会穿这个吗？"如果答案是肯定的，那我就这样穿。如果答案是否定的，那我就不这样穿。看看这有多简单。我暴露自己的年龄了，年轻的你们可以选一个更现代的人做榜样，但要好好挑选。

即使公司文化要求穿休闲装，你还是可以努力一下。不幸的是，英国人不擅长的一件事就是穿着随意。从来没有好天气让人自由穿搭，不能穿短裤、T恤、夏威夷衬衫。然而，人们的穿着确实非常潇洒。

在或多或少的程度上，我们都需要归属于某个群体，
去适应、去融入、去伪装自己，
这样我们就不会引起不必要的注意。

法则
061

善于与不同的人打交道

你可以做个"变色龙",与不同的人相处,只要你有这个本领。每个人都是不同的,如果你试图把他们一视同仁,你就会冒着得罪他们所有人的风险,或者至少不能满足其中的某些人。

如果你已经为人父母,这条法则就更容易理解了。如果你有不止一个孩子,你就会知道区别对待他们是多么重要。每个孩子需要不同的动力。对一些孩子来说,你只要稍微表现得失望就足够了;但对另一些孩子来说,你必须成为一个真正的巨魔,才能吓得他们乖乖早起并穿好衣服。

我有六个孩子,我必须对每个孩子都区别对待。有时我忘记了,对他们一视同仁,他们很惊讶,也很受伤。每个人都需要我对他们与众不同,对他们来说是独一无二的、别具一格的。作为一名管理者,你就像员工们的父母,必须把他们当作独立的个体来对待。

我曾经为了一件相当琐碎的事情假装发脾气以达到自己的目

的。我冲着老板发脾气，那家伙非常震惊且立刻屈服了。现在，在很多老板看来，这样的行为是不可容忍的，我会被直接扫地出门。

当我还是总经理的时候，我总觉得只要和蔼可亲，就能最大限度地调动员工的积极性。但也有少数人对这种行为没有反应。他们的老派工作方式根深蒂固，甚至希望老板是个彻头彻尾的坏人，冲着他们大喊大叫，告诉他们该做什么。我问他们过得怎么样，对这一切有什么看法。他们答不上来，我只好惹恼他们，让他们回嘴——不同的人有不同的反应。

你必须有适应能力，准备好根据你的要求快速改变。完美的管理者有能力适应工作中的起起落落。研究一下你是如何与人相处的。不管他们是谁，不管发生了什么，你总是以同样的方式应对吗？你能很容易地适应和改变吗？找出你周围的成功人士，观察他们是如何与人相处的。

————

完美的管理者有能力适应工作中的起起落落。

法则
062

维护老板形象

如果你的老板看起来不错，你的部门也不错，这对你很有帮助。这一点应该是显而易见的。但是，我很惊讶有多少人在背后批评老板，或者总是准备把责任推到老板身上。

我意识到，你的老板可能是个傻瓜，没有商业头脑，很难相处，要求苛刻，人际交往能力很差，不知道如何管理一个部门，缺乏诚信、才能和外交手段。如果这一切都是真的，你的老板的形象管理当然需要你的全力协助。

可惜，很少有老板这么糟糕。但也很少有老板完美无缺。这不是重点，这只是常识。维护老板形象，可以让你从各方面受益，而你的老板也会开始关注他自己的优点，这只是个时间问题。

当然，当你的老板在场时，你这样做是有道理的，但如果你的老板不在场的时候，你也给予支持和赞扬，让他关注他自己的优点，这对你会有更多的好处。其他高级管理者也会对你印象深刻，然后将你的做法传到你的老板的耳朵里，他们就会知道你是如何告诉所有人，是他们的细致让展览保持在预算范围内，或者是他们谈下了那笔大生意，或者是他们的鼓励让团队有信心做出如此出色的展示。

这种忠诚会让其他管理者钦佩，并有助于将你部门的其他成员整合成一个强大的团队——这也会被注意到，并影响到每个人，包括你自己。如果老板真的把事情搞得一团糟，我并不是建议你对他撒谎。我的建议是，如果他们真的搞砸了，你就对这个话题保持沉默，转而大谈特谈他们做对的事情。

当然，有时候为了团队合作，你和你的同事需要诚实地谈论老板，但要确保你只提出那些绝对必要的负面观点，并且要公平客观地对待你的老板。也许明智的做法是承认你的老板很可能在最后一刻才给你所需要的信息，但你仍然可以用一种实事求是的方式来表达，而不是滥用刻薄挑剔的言辞。

这种忠诚会让其他管理者钦佩。

法则
063

知道在何时何地消遣

无论是正式场合还是非正式场合，总有一些重要的场所是"大人物"聚集的地方。你需要检查并利用这些地方，把它们作为搜集信息、建立联系、获取关注和产生影响的重要场地。工作之余，大老板们还需要一个专用的聚会场所。它可能是高尔夫会所、当地的酒吧、某个餐馆或俱乐部。随便叫什么名字，随便在哪里，但你得知道具体地址。现在别冲进去，把自己搞得像个白痴。你必须先去侦察，以便在进入之前了解你需要知道的一切。这家餐厅是否有你需要了解的着装要求或风格？你可以成为高尔夫俱乐部的候补会员吗？这家酒吧是你一个人去好呢，还是应该叫上你的伴侣一起去呢？这个俱乐部容易加入吗？你能和老板们一起出去玩，不会显得格格不入吗？这些地方是那种你可能碰巧邂逅的地方，说一句"我只是路过"就可以化解尴尬，还是显而易见你故意在那里闲逛，等待时机出招呢？

你必须留意这个问题，但你应该知道他们见面的地点，以及你能不能去那里。很有可能你会选择永远不去那里。这很好。但如果这个话题在谈话中突然出现，你就会有优势，因为你知道他们去了哪里。

在工作中，他们可能会在咖啡机或复印机旁边的走廊上闲逛。你总是可以确保你自己恰好路过。露个脸，留个名，就足够了。

在正式场合，也许有些老板会抽空出去抽支烟。即使你没有烟瘾，也可以匆匆出去（如果有人质疑，你就说"透透气"），成为吸烟者联盟的一员。或者他们都喜欢在参加会议之前去酒吧，那就确保你是第一个到达的人，这样你就不用找借口说顺道来看看了。

露个脸，留个名，就足够了。

法则
064

知礼节，讲礼仪，社交场合不出丑

每个公司和工作场所都有自己的社交礼仪。请了解并使用这些礼仪。有些非常简单，不信你瞧：

- 从不带伴侣去上班。
- 休假时也出席员工会议。
- 永远不要把车停在特定的几个停车位上，即使它们没有标记，因为它们是为总经理的伴侣和孩子预留的。
- 总是在送别信封里塞 5 英镑，给过生日的人 2 英镑。
- 永远不会把果酱甜甜圈和咖啡放在一起吃，因为那是西尔维娅的专属套餐——过去是，将来也是。
- 对于你的总经理，你总是当着她的面叫她玛乔丽，在其他员工面前叫她玛姬，在她的私人助理面前叫她约翰逊夫人。
- 午餐可以点葡萄酒，但啤酒就不太好了。

你可能永远不知道这些不成文的法则从何而来。比如，上一位总经理曾经被一个喝啤酒的员工狠狠揍了一顿，因此午餐时不能喝啤酒。玛乔丽曾经因为一个初级经理的丈夫在一次员工聚会上过分调情而感到尴尬，因此没有伴侣。

当然，某些社交礼仪可能是显而易见的。比如，西尔维娅喜欢果酱甜甜圈，她既有影响力又有魄力，可以为所欲为。重要的是，要识别出这些礼仪，如果你乐意，可以先规避，但如果你不想在社交场合出丑，最好研究一下这些礼仪。

我曾经在一家公司工作，在那里，上班时间喝酒是禁忌。午餐时连啤酒都不能喝。酒精是一个大禁忌，我不知道为什么。我很乐意附和，因为我不喝酒，但这让我很困惑。我最终发现，这家公司曾经有一位财务经理，每天下午都在办公室里睡一觉。但事实上，他不是在睡觉。他每天午餐时间会喝很多酒，一到下午他就会小心翼翼地把钱转移到自己的账户上。他最终被抓住并被解雇了，在那之后，公司规定禁止饮酒，也不许关闭办公室的门。

重要的是，要识别出这些礼仪，
如果你乐意，可以先规避。

法则
065

机灵点，管事的人不一定是老板

谁管理你的办公室？我打赌不是老板。老板们往往把自己关在办公室里，把经营企业的真正工作留给别人。你的工作是找出这个人，并与他保持正确的关系。

我曾为一些公司工作，在这些公司里，真正的权力掌握在公关顾问、法律秘书、审计师、客户和初级经理手中。无论在哪种情况下，这个人掌管实权的原因如下：

- 得到老板的赏识。
- 得到老板的信任。
- 说话不直接、不坦率，而是小声耳语，很微妙。
- 在公司待了很久了。
- 完全被权力和控制欲所驱使。
- 总是为达目的不择手段，令人讨厌。
- 非常聪明，但缺乏做好工作的经验、资格或技能。

无论在哪种情况下，一旦我和这些人成为朋友，我就会游刃有余。一开始我并没有马上发现这些原因，这总是给我带来麻烦。我会去找老板，但后来才发现我犯了个错误："哦，所有事情都要先经过莎拉的同意。""我要先和珍妮商量一下，看看她是否认为这是个好主意。""你要不要先和特雷弗商量一下再来找我？"

　　我很快就学会了先去找老板的代言人。配合他们的工作，不和他们为敌。他们是真正的权威，你应该向他们表示敬意。我知道这不公平，你也不喜欢，但在更好的体系出现之前，我们必须利用现有的体系。

谁管理你的办公室？

我打赌不是老板。

法则
066

别挑理，激怒别人不如专注自己

他们今天午餐时间又要去酒吧了。你讨厌这样。你讨厌酒吧的噪声，讨厌酒气熏天的氛围，讨厌有人喋喋不休地谈论昨晚的电视。

但你会告诉他们这些吗？不，你不能。你需要成为人群中的一员——融入群体。你需要他们认为你在场，或身体在场，或精神在场，而实际上你并不在场。很简单。你可以说你要去购物、拜访朋友、去健身房，这样就可以摆脱饭局了。

不要反对他们利用午休时间的方式，否则他们会认为你是一个局外人。也不要告诉他们你要留在办公室赶工作，否则他们会认为你是个讨厌鬼。但你可以说你要去购物，然后找个好地方把车停在那里，喝杯饮料，吃个像样的三明治——记得带上你的笔记本电脑。你可以完成所有额外的工作，但你不必让他们知道。

不要告诉他们，你认为在午餐时间喝酒是不健康和无益的，你只要告诉他们："我一会儿就来，你们先喝着，也给我留一杯。"

这样一来，共进午餐的同事们就会认定你是"他们中的一员"，而你根本不必成为他们中的一员。只要你不表现出反对，他们就会接受你。

或者，他们会在周二晚上一起去打保龄球。呃，你不要说："保龄球不好玩，不是吗？"相反，你可以说："啊，星期二晚上？恐怕今晚轮到我带妈妈去看电影了。"或者，不如收起你的骄傲、你的标准和你的反对，直接跟他们走。谁知道呢，也许你会玩得很开心。但你要保证融入其中，不会表现出对同事的不满。这是聪明的举动。

别人度过闲暇时间的方式、他们的金钱或生活都与你无关。聪明的行动者专注于自己的道路，而忽略别人选择的路线。把注意力集中在你要去的地方，忽略别人正在做的事情。我们忽视了别人，就不会再挑剔别人。一旦你做出评判，你就等于把自己归类了，这样你就很难在各种情形之间灵活切换了。如果你挑剔别人，就等于把自己困在了不合适的地方。

————

聪明的行动者专注于自己的道路，
而忽略别人选择的路线。

法则
067

研究从众心理，并为己所用

　　人们喜欢组成安全的小团体，比如家庭、朋友、同事、城镇、国家、民族、军团，并且会为了保护这些团体而激烈地战斗。如果你威胁他们，或者他们以为你在威胁他们（这一点很重要），他们会讨厌你的做法。所以不要威胁他们。要明白从众心理很重要，融入群体也很重要。

　　假设你所在的兽群是一群狮子。是的，你可以在尘土中打滚，咆哮，吃斑马，非常凶猛，你可以融入狮群，成为一只狮子。这并不意味着你必须屈服或变得软弱。每一个狮群中都有一个老大，也就是一位资深的长者。你可以混迹其中，但仍能脱颖而出，因为你是负责人，是一个群体的领导者。

　　你要融入团体，就得做"变色龙"，而不是懦夫。只是因为我说你应该融入群体，并不意味着你必须放弃你的身份，或失去你所有的个性。你所要做的就是研究和理解从众心理，并为己所用。我曾经见过一个员工，因为不了解公司体系而被弄得泪流满面，因为他的同事们总是攻击他。他"与众不同"，同事们"嗅"到了他的恐惧，并朝他扑去。

研究任何一群人，你都会发现从众心理。这让他们觉得：

- 可靠。
- 舒适。
- 安全。
- 受到保护。

他们已经深思熟虑过了，他们只想吃草，他们感到舒适和安全，因为他们知道自己会得到照顾。你不需要这些东西，请独立思考，像狼一样思考。

请独立思考，像狼一样思考。

第七章

先人一步

　　如果你想升职，你最好现在就开始练习本章的法则。这些法则教你如何采用高于你目前职位的行为方式、态度和管理方法。如果你看起来就像已经身居高位的样子，那么你很有可能真的要升职了。

法则
068
|

着装先人一步

当我还是助理经理的时候，我穿得像个助理经理。当我想成为一名经理时，我研究了经理和总经理的着装。我选择了总经理的打扮，并得到了适当的晋升，因此错过了介于助理经理和总经理之间的经理职位。每一份工作都有自己的风格。你可以选择你想要的工作，而现在你可以选择与之匹配的穿衣风格，然后你就会得到那份工作。就是这么简单。只要你得到了那份工作，你就能做好那份工作。但请记住，你要确保自己可以胜任——不会爬就不要飞。

在我的职业生涯中，我到过许多不同职位的面试现场。我一直对应聘者面试时的着装感到惊讶，就好像他们根本不想要这份工作一样。我曾见过一些高级管理职位的面试者，他们居然穿着皱巴巴的西装、没熨过的衬衫或短上衣、没擦过的鞋子，头发也凌乱不堪。我不会聘用他们的——我得小心用词，因为我不想冒犯任何工作团队。

我也见过一些高级管理职位的面试者，他们迟到了，在错误的时间出现在错误的地点，带着错误的信息，显然也在应聘错误的岗位。

我面试过一些实习生，结果发现他们穿得像培训师，这和我想要的不太一样。

无论你在做什么工作，你都必须着眼于上一级岗位。不是吗？如果你看上了那份工作，就必须知道现在谁在做那份工作。研究一下这些人。他们穿什么？他们的穿衣风格是什么？他们的着装体现出什么样的时髦感？你能从他们的穿衣方式中学到什么吗？你现在可以开始模仿了吗？当我说模仿的时候，我指的是真正学着穿成那样。如果这意味着要穿一套漂亮的商务套装，那就试着去习惯吧。

没有什么比开始一份新工作的同时开始一种新的穿衣风格更糟糕的了。你会注意到领子不合身，鞋子看起来太紧或太奇怪，而且你的时髦感变味了——你总是把裙子的下摆拉下来，或者把你觉得很奇怪的领带拉直。

你可以选择你想要的工作，
而现在你可以选择与之匹配的穿衣风格。

法则
069

言谈先人一步

你的上司是怎么说话的？我猜，你也想升到他们的职位。如果不是，那你想要哪个职位？还是我一直在这里浪费时间？拜托，你的下一个目标是什么？让我们从上司的话题开始吧。你的上司是怎么说话的？

我的意思是，他们是怎么谈论事情的？我来解释一下。我问的不是他们的口音或发音听起来如何，而是问他们说话的内容，就是他们说了什么。我敢打赌，你说话时用的是"我"，而你的上司可能会更多地用"我们"。你可以站在员工的角度说话，而他们则代表公司说话。职位越高，你就越不可能：

- 疯狂唠叨。
- 八卦。
- 咒骂。
- 谈论昨晚看的电视或任何其他与当前工作无关的事情。管理者往往更专注，更不愿意浪费时间。

● 喋喋不休。管理者往往更深思熟虑，说话前会稍作停顿（至少优秀的管理者会这样）。

所以，如果你想要更进一步，就需要更深思熟虑，谈论相关的问题，用"我们"而不是"我"来交谈，保持专注和活力，不透露自己的个人细节。管理者不会闲聊或八卦他们的社交生活。

我猜，你要做的就是像个大人，和其他像孩子一样的员工说话。你变得孤傲、有点沉默寡言，但显得成熟、负责、可靠、认真。

当我说孤傲时，我不是指傲慢。我相信你会遇到很多犯这种简单错误的管理者。

傲慢在工作中没有立足之地。傲慢是自负和假装自命不凡。而孤傲是一种略显孤僻、超然的状态。孤傲的人会凭借经验、技巧和天生的能力来凸显自己的卓越。

保持专注和活力，不透露自己的个人细节。

管理者不会闲聊或八卦他们的社交生活。

法则
070

行动先人一步

你已经在穿着和说话方面更上一层楼了，现在你必须在行动上也先人一步。我知道，这条法则的要求太多，执行起来太难了。谁说成功很容易？不是我说的，我从一开始就告诉你，践行这些法则会很难，实际上，法则玩家比普通人难多了。你想成为工作法则玩家，需要付出更多的努力，需要关注更多的细节。当然，你获得的结果也是非常棒的。事实上，作为一名工作法则玩家，你会自动获得晋升资格。如果你能遵守工作法则，你就应该得到晋升。这是一种自我实现的预言。执行这些法则需要坚强的性格、意志力、决心、诚实、勇气、经验、非凡的才能、奉献精神、干劲、胆识和魅力。如果你具备了所有这些特质，无论如何你都会得到提升。

所以，你的行动要先人一步。看看你的上司们走进办公室的样子。注意到什么了吗？观察他们接电话、与员工交谈、招待客户、拿笔、挂外套、打开办公室门、坐下、站起来……他们做的任何事情。我敢打赌，你会注意到他们的工作方式不同于办公室的资浅职员、维修团队、销售团队、营销人员或公关人员。

行动先人一步需要你：

- 对自己更有信心。
- 更加成熟。
- 更加自信。

你必须表现得温文尔雅、久经世故，但不要趾高气昂或咄咄逼人。下面做一个简单的练习：你有自己的办公室吗？有人敲你的门吗？你说什么了？一句温和的"请进"，或者干脆蹦出一个字"进"？你的职位越高，浪费的时间就越少。你会变得更灵巧，更敏捷，更圆滑，更合群。你没有时间絮叨或使用冗长的表达，一个简单的"进"字会更方便。你还要灵活思考。这就是秘诀！请看下一条法则。

执行这些法则需要坚强的性格、
意志力、决心、诚实、勇气、经验、非凡的才能、
奉献精神、干劲、胆识和魅力。

法则
071

思考先人一步

我们提过灵活思考的话题。你要想思考先人一步，就得学会灵活思考。你没有时间浪费在思考上，你不要想：

- 这将如何影响我的茶歇时间？
- 这是否意味着我仍然可以休假？
- 我需要更努力地工作吗？我需要更久地工作吗？
- 这会给我加分吗？

相反，你要想：

- 这样对部门更好吗？
- 公司会受益其中吗？
- 作为上司，我们能以此说服员工吗？
- 我们的客户会对此感到满意吗？

明白了吗？看到要点了吗？你会更像管理者而不是工人一样

思考。你会从公司的角度看待问题，而不是该问题对你个人的影响。你要：

- 着眼大局。
- 看到整体。
- 引领方向。
- 投入实施
- 不置身事外。

我想这些法则教你如何成为一个独立的个体，如何独立思考，如何自立。但如果你能做到这一切，就不需要这些法则了。如果你不能，这些法则能教会你吗？是的，当然能。请往下读。

你会更像管理者而不是工人一样思考。

法则
072

|

关注公司的问题和困难

我们谈到了从公司的角度看问题，而不是从自己的角度看问题。你必须更进一步，即使是在和自己或亲密的同事交谈时，也只谈论公司的问题。你必须让他们相信你已经是管理层中的一员了。

我记得我写第一本书的时候，很自然地非常关注那本书的外观（封面）看起来、摸起来、闻起来是否舒适？市场经理显然是受够了我因为一些小细节而没完没了地给他打沉闷的电话，最后他说："豆子罐头，亲爱的孩子，这不过就是几罐豆子。"我不知道他是什么意思，他只得一字一句地解释。每一本书都是一种产品，就像豆子罐头一样，新书上架后，是否有人买，这取决于我这个微不足道的作家无法控制的因素，比如书在书架上的位置、附近的同类书、天气、书店碰巧提供的折扣等。所有这些因素，包括一些显而易见的因素，比如封面的颜色，都会影响销量。我的工作是提供文本，然后开始思考出版公司的问题：在每个会计期间卖出了多少罐豆子？我在一罐豆子中的提成是多少？下一罐豆子将是什么？我们下次能卖意大利面吗？

当问题突然出现时，你很容易从自己的角度看待问题，即该问题对你的直接影响如何。一旦你跃进到公司层面，你就更容易从公司的角度看问题。这并不意味着你要成为公司的傀儡。事实上，你可以诚实地表达你的观点。

如果事情很糟糕，你就应该实事求是地说，但要站在公司的角度，而不是你自己的角度。

如果公司建议采用一种新的程序，立即考虑该程序会如何影响你的客户，而不是如何影响你自己。

如果公司建议采用一种新的程序，
立即考虑该程序会如何影响你的客户，
而不是如何影响你自己。

法则
073

人人为公司，公司为人人

要想在公司扬名立万，最令人满意的方法就是提出一项能让所有人受益的变革，而不仅仅是对你自己的工作有益，甚至不局限于你所在的部门。

我给大家举个例子。我曾在一家公司工作，那里有一个意见箱，大多数人认为它貌似没什么意义，而且我们不相信会有人注意到意见箱里的建议，直到有一个我们都不怎么认识的女人通过往意见箱中投了一封极其简单的建议书。她建议所有的信件都应按标准用二等邮件发送，除非有充分的理由将其升级为一等邮件。而在那之前，所有的邮件都被默认为一等邮件。

这正是我所说的这类建议，原因如下：

- 建议直截了当，不需要复杂的解释。
- 这可以由公司里的每个员工执行，无须组织成本。
- 实施起来非常简单。

- 这为公司节省了很多钱。

　　理想情况下，这就是你想要的：简单，普遍，有明显和直接的好处。你可以想象，当这个以前无足轻重的员工成为管理层表扬和认可的焦点时，我们其他人是多么羡慕。而这是理所应当的。

　　所以，好好审视你自己的工作，看看你是否能找到任何能让每个人受益的东西，想想你能不能找到一种更便宜、更快捷或更美好的方法。或者，你拥有一种人人都可以使用的资源。这实际上是法则5的延伸，但这次你会发现一些对你的同事也有好处的东西。例如，将大量不同的信息收集到一个文档中，以便人们更容易查看；或者，为内部网系统编写一份合适的用户手册，供每个部门用于培训新员工。

　　我相信你已经明白：如果你想办法创造出让所有人都能共享的资源，那么，每次他们使用这些资源时，你都会获得荣誉。这就是本条法则的意义所在。真诚地帮助每个人，尤其是你自己。

你能不能找到一种更便宜、
更快捷或更美好的方法？

法则
074

—

多说"我们"，少说"我"

曾经有位上司问我和我的同事为谁工作。我们说：

- 为自己。
- 为家庭。
- 为银行经理。
- 为自尊。
- 为管理层。
- 为老板。
- 为公司董事会。
- 为客户。
- 为税务局。
- 为政府。

他对所有这些都礼貌地说了"不"。他解释说，我们为股东工作。就是这样。你就是为他们工作的。现在去买一些你们公司的股票吧，这样你就为白己工作了。现在你可以开始说"我们要"和"给我们"，而不是"我要"和"给我"。

你现在是公司的股东，所以，当你不得不谈论公司的程序时，你可以考虑它将如何影响我们（股东），而不是他们（员工）。而不久前，你也是一名员工。

如果你去开会，用"我们"代替"我"会显得更成熟（也更酷）。

你要说"如果我们要实施这个新程序，我们需要先评估下级职员的反应"，而不是"我认为这很糟糕"。

你要说"我们应该优先抽出一些时间来讨论展览"，而不是"我很恐慌，这个该死的展览只剩两周了，我却什么都没做"。

———————

如果你去开会，用"我们"代替"我"
会显得更成熟（也更酷）。

法则
075

付诸行动，成为你期待成为的人

现在，你必须将老板的衣着、说话、行动、思考等统统打包，然后付诸行动。你必须成为你期待成为的那个人。这不是模仿，而是训练。如果你不能付诸行动，就做不了这份工作。

记住，我们从一开始就说过的，你必须能够想出好点子，有能力完成这项工作，并且要干得漂亮，这是底线。如果你不能胜任这份工作，那就离开这个岗位。

本章的法则不是给那些胡说八道或装腔作势的人准备的。它们是为那些真正勤奋的、有才华的、努力工作的、有天赋的、准备付出一些努力、燃烧一些能量的人准备的。

研究一下你所渴望的工作。现在谁在做这份差事？设想一下，他们现在做的就是你的工作。他们是如何处理事情的？学会用资深职员评价你的方式来评价他们。不要嘀嘀咕咕地抱怨上司们的工作方式，而是观察他们的错误，从中吸取教训并从中受益。观察他们哪里出错了，并发誓，如果你升到那个职位上，是不会犯同样错误的。看看他们擅长什么，现在就开始练习。

如果你要付诸行动，就必须有正确的举止、正确的着装要求、正确的说话方式、正确的行为方式、正确的反应和正确的态度。为此，你必须准备好花时间执行以下四件事：

- 观看。
- 学习。
- 练习。
- 以上三点同步进行。

如果你准备做这四件事，将来就会成功。当然，你也必须在没有人知道你在做什么的情况下完成这些工作，以及你的日常工作。苛刻的命令？当然。谁说这很容易？

你必须成为你期待成为的那个人。

法则
076

花时间与资深职员相处

　　无论你在公司处于什么级别，你都可以花时间和资深职员在一起，如果你处理得当，他们甚至不会意识到这一点。如果你把别人的注意力吸引到自己身上，就会被认为是一个闯入者、一个间谍、一个不速之客。记住，当你还是个小孩子的时候，如果你保持安静，就可以参加成年人的聚会。他们会忘了你在场。一旦有人发现你的存在，你就会被带出聚会。资浅职员也一样。你可以到处逛逛、多多学习，但不要搞砸了，否则，你会被请出。

　　当我还是一名资浅职员时，我注意到，资深职员在会议后往往会拖延时间，貌似想要聚在一起聊什么。晚辈们匆匆离去，留下这些大人物闲谈。我发现，如果我也待在那里，整理桌子，倒烟灰缸，保持安静，那么，我就会听到很多，甚至偶尔会有人咨询我："啊，理查德，你也参与了新的发票手续的办理，你怎么看呢？"这是我大放异彩的机会。当然，我搞砸了，结结巴巴，满脸通红，毫无用处。下一次，我回答得好一些，最终，我回答得完全正确。

有一段时间，当有人问我一些问题时，我表现得条理清晰、自信而成熟。奇怪的是，在那之后不久，我也很快得到了晋升。当时我在一家非常老式的英国公司工作，他们的晋升路线非常固定，你必须遵循一套非常固定的程序。而我有幸绕过这个程序而得以晋升，我把这一切都归结于和顶尖高手们多相处。

有时你会注意到老板们在午餐或社交场合独自坐着。大多数员工都太紧张了，不敢走过去和他们聊天，或者囿于自己的社会阶层，无法和他们交谈。别怕，走过去跟他们聊几句吧。你会惊讶地发现，老板们常常会感激员工与他们交谈，因为他们也是人，也会感到孤立、孤独、被忽视、被遗忘。他们很乐意和你聊天，只要你不占他们便宜，以及询问加薪、休假或假期的问题。但你可以询问他们的经历："帕特尔女士，你是怎么进入市场营销行业的？"

也许你会发现，你已经获得了有用的提示和技巧，同时也为下一条法则做好了准备——让人觉得你就是老板。

你会惊讶地发现，
老板们常常会感激员工与他们交谈。

法则
077

让别人觉得你就是老板

当你表现得像个总经理时，人们就会认为你就是总经理。当你表现得像个办公室初级职员时，人们就会认为你就是初级职员。那么，我们如何让人们觉得你就是老板呢？

- 要自信、果断，说话要成熟："是的，我们可以做到——我会确保我们马上着手做这件事。"
- 如果你穿着运动鞋和运动服来上班，你就不会像穿着漂亮的商务套装那样赢得同样的尊重。
- 不要说"我"，不要把每个问题都归结为它对你的影响。比如："我不能在午休时间工作，我有权休息一小时。"要说"我们"，要从公司的角度看问题，从整个组织的角度看问题。比如，"我们需要齐心协力，我很高兴在午休时间工作，协助大家解决这个问题。"
- 较之谈论公司的问题、你的部门未来的计划、利率的变化将如何影响未来几个月的业务及你将如何应对汇率，谈论你昨晚看了什么电视、要去哪里度假、周末要做什么，会显得你无足轻重。

基本上，你要做的就是让人们认识到你是重量级人物，而不是轻量级选手。你要严肃、审慎、成熟、理智。这并不意味着你必须成为一个怪人、一个书呆子、一个埋头苦读的人、一个伪君子或无聊的人。你仍然可以开个玩笑，享受笑声。你可以微笑，轻松愉快，有趣而充满活力。你需要表现出成熟而有趣的形象。你需要让人们知道你：

- 了解这份工作。
- 经验丰富。
- 很严肃。
- 可靠且负责任。
- 值得信赖。
- 做着你想做的工作。

所以，你可以在办公室里溜达溜达，看起来温文尔雅、很酷、很有格调、很成熟，谈论适当的话题。当你得到心仪的工作时，你要确保自己具备胜任的能力。

————

你要严肃、审慎、成熟、理智。

法则
078

为再下一次晋升做好准备

抱歉，你不能应付了事。你现在是一名工作法则玩家，你必须坚持下去——永不停息，小憩一下也不行，没有跷起二郎腿喝咖啡和发呆的时间。请重新回到枯燥乏味的工作中吧。我猜你已经把目光投向了更高一级岗位。很好，但在那之后呢？你的再下一步计划是什么？你的再下一个目标是什么？

甚至在你得到下一次晋升之前，你就应该为再下一次晋升做准备了。因为如果你现在不准备，什么时候才能准备好呢？如果你能玩转工作法则，就总是有机会跳过一个台阶、跳过一次晋升。我并不是说，跳级晋升应该永远是你的目标，但要做好准备以防万一。

当然，你有长期计划和短期计划，这样你就会规划好你的职业道路，知道自己在伟大的事业旅程中必须采取的步骤。即使是现在，你也要让人觉得你已是赢家，你扮演好下一个职位的角色，言谈举止间俨然已经升任主管。与此同时，为你的再下一步规划进行演练也无妨。

让人们看到你是当主管的料并不是坏事。一旦人们习惯于认为你是一个雄心勃勃的人,你就会成为一个雄心勃勃的人。如果你穿着随便,纠结于琐事,不努力工作,表现得像个干苦力或不务正业的人,人们会认为你就是那样的人,而且你会待在原地无法动弹。

环顾一下办公室。你能认出谁是浑浑噩噩的苦力,谁是不务正业的人,谁是忙碌的"工蚁",谁是勤恳的劳模?现在再看一看,寻找那些雄心勃勃的人、重量级的人、有进取心的人、充满活力的人。你能看出区别吗?你知道该怎么做吗?你能看出你的表现是如何让你成为那个角色的吗?

无论你准备走上什么样的岗位,确保你所做的一切都是真诚的、真实的、有价值的。我曾经和一个雄心勃勃的年轻人一起工作。他的名字叫雷。雷给我的印象是他一直在为竞争下一个岗位做准备。他喜欢在同事都不带公文包的时候带着公文包来上班,要知道我们都不需要公文包。麻烦的是,雷的公文包有一天被打开了,全世界都知道里面只有三样东西:一份三明治、一份报纸和一串钥匙。这对他来说是耻辱,对我们来说是尴尬,对每个人来说都是悲伤。你要确保你的公文包里装满了货真价实的东西,以防这种情况或者类似的事情发生在你身上。

一旦人们习惯于认为你是一个雄心勃勃的人,
你就会成为一个雄心勃勃的人。

第八章

培养“外交手腕”

　　八面玲珑的工作法则玩家在公司的晋升速度很快，因为他
们是外交家。他们不会挑起战争，而是阻止冲突。他们不会袖
手旁观，而是及时补救。他们让周围的人平静下来，其他人也
会向他们寻求建议和启迪。我希望你们也能成为行事得体的外
交家，并以对待事物的客观评价、公正的态度和公平的处事方
式闻名。

法则
079

当冲突发生时，提问胜过劝架

假设你在开会，而局势变得很紧张。比如，主持人不能很好地处理事情，诺亚和亚历克斯又开始互相攻击了。你打算做什么？提问吧！提问可以让吵架双方看到一些细节，很容易化解危机。你没必要去劝架，那不是你的工作。但你可以成为扭转冲突的外交家，这会让你受到关注，并赢得同事的尊重。

你转向诺亚，问他："诺亚，你为什么如此确信你的部门会发现这些新发票不可用？"如果亚历克斯还在争吵，你就对她说："等一下，亚历克斯，我真的很想听听诺亚要说什么。"你已经清楚地表明，你不偏袒任何一方，你正在缓和紧张局势。听完诺亚的话，你转向亚历克斯："你确信诺亚错了。告诉我为什么？"

有效的做法就是接管主持人的角色，获得控制权。这样既灵活又聪明。

你转向其中一个吵架者，问他一个简单的问题。但不要询问心理层面："你为什么会有这种感觉？""你能和我们分享你的愤怒吗?"相反,你要让他专注于一个需要解释的问题,而不得不中断与对手的目光接触来思考如何回答你的问题。这样,愤怒消散了,你证明了自己是一名八面玲珑的外交官。

如果其中一个吵架者气得面无血色,那就不要提问了。脸色煞白意味着他会打人,而脸涨得通红只代表他在暴怒和喘粗气。

如果主持人正在有效地处理发生的情况,你就不要提问。显然,如果争吵已经开始,主持人就不会提问了,但也许他正在努力劝架,并对你的介入感到不满。

你个人不要以任何方式卷入争论。

提问通常会把当局者的注意力从主要论题转移到细枝末节上。他们一定非常生气,甚至都不能礼貌地回答你的问题。

提问通常会把当局者的注意力
从主要论题转移到细枝末节上。

法则

080

当口角发生时，不要偏袒任何一方

如果你偏袒一方，那么你就是争论、争斗、争执、争议的一部分。你必须保持完全客观和坚定的中立态度。无论你做什么，都要保持中立，否则，吵架的一方会把你和吵架的另一方放在一起谴责。无论讨论的情况是什么，你都需要：

- 目光长远。
- 从公司的角度看问题。
- 保持公正。
- 保持冷静。
- 做个行事得体的外交家。
- 不偏袒任何一方。
- 保持独立。

你表现得越超然，给人的印象就越高级。如果你一意孤行地加入并站队，就会冒着树敌的风险，也会被视为头脑发热的人。

当你的一个朋友与另一个不那么亲密的同事发生争执时，问题就来了。你的朋友总是会转向你，试图把你牵扯进去："哦，告诉她我是对的，好吗，里奇？"

你不能被朋友拖下水。你必须防御性地举起双手，说："别把我牵扯进来。如果你们两个不能理智且毫无怨言地解决这个问题，我就把你们两个都送回房间去。"

你现在做的是：

- 开了个玩笑，从而缓和了紧张气氛。
- 表明你的资历比他们都高。
- 保持中立。
- 不偏袒任何一方。

无论你做什么，都要保持中立，否则，
吵架的一方会把你和吵架的另一方放在一起谴责。

法则
081

知道何时闭口不谈，何时发表高见

人们很容易形成自己的观点。问题是知道什么时候把它们藏在心里，什么时候表达出来。大多数人不知道什么时候该闭嘴的原因是他们认为自己的观点：

- 有价值。
- 有受众。
- 很重要。
- 会带来改变。
- 会让他们看起来很聪明、智慧、高效。
- 会为他们赢得认可、爱、关注。

当然，所有这些都是表达观点的错误理由。表达观点的真正原因是有人要求你这么做。如果有人问你，那就说出你的想法；如果没人问你，那就闭嘴。

你的高见应该都是被形势逼出来的。你要说的内容必须是重要的，你不能毫无意义地浪费自己的观点。你不能坐在那里喋喋不休地发表意见。你需要：

- 准备好自己的意见，以防有人问你。
- 学会清晰、精确地表达自己的观点。
- 要让你的观点听起来不只是一种观点，而是值得实施的实际解决方案。

如何让你的观点看起来不那么像一个观点，而更像一个公认的事实？方法就是把你的观点当作一个事实来表达。不要说"我认为我们应该……"，而要说"我们应该……"。不要说"在我看来 ZX300 是一台好机器"，而是说"ZX300 是一台好机器"。

所以，请避免这么说：

- "我认为"。
- "我感觉"。
- "在我看来"。

表达观点的真正原因是有人要求你这么做。

法则
082

安抚与调解，不妨用点小伎俩

有人被激怒了！你没必要卷入其中。这跟你一点关系都没有。确保是你来抚慰这些义愤填膺之人的。

- 给每个人泡一杯茶。
- 安抚一些自负的人。
- 消除误会。
- 打开窗户透透气。
- 让他们握手言和。

如果老板责备下属并激怒了下属，无论如何你要确保你安慰的是那个下属，让他高兴起来、振作起来、活跃起来。对老板应该另当别论。最好的调解办法是用行动安抚他，但要保持沉默，这意味着你并不赞成他。比如，你可以给他沏杯茶，但什么也不说。你是在暗示你不认可他，也不会犯这样的错误，并且不害怕他的权威、他的愤怒或其他什么。但是，请你保持沉默。

如果你在这方面做得很好，老板将不得不问你对他大发雷霆、大喊大叫或惩戒某人的方式有什么看法。你只要说："这不是我该说的，不是吗？"这时，老板总是会说："我很重视你的意见。"或者"不，我想知道。"或者"没关系，你怎么想就怎么说。"不管他说什么，都说明他很佩服你。

现在你可以安抚和调解，也可以利用"外交手腕"，总之你已经扭转了局面。你只要说："你处理得很好。崔西不守规矩，需要有人警告她。"无论你做什么，都不要批评老板处理事情的方式。让他知道你其实是不赞成的，但千万不要在现实生活中承认这一点。

永远记住，你的工作不是制造波澜，而是驾驭波澜。请你以调解者的姿态登上顶峰。这样做，你会赢得朋友，团结对立的双方，并获得尊重。

调解有点像制止孩子之间的争吵。你不想知道是谁挑起的战争。不，你真的不想知道，也不想知道这是怎么回事。你不想知道谁掐了谁、谁咬了谁这样的细节。你想要的只是恢复和平，让他们握手言和，重新成为朋友。在工作中，这也是你想要的。使用你在小孩子身上使用的相同伎俩吧。

无论你做什么，
都不要批评老板处理事情的方式。

法则
083

有委屈就说，不发脾气也不憋着

我不在乎市场部的莫先生有多烦人，也不在乎研发部的罗莎开玩笑时你有多生气，也不在乎账目再次搞砸后你的血压有多高——在任何情况下，你都不能发脾气。就是这样，没有例外。没有小规模的违规事件，也没有导致大问题的小问题。你是不会发脾气的。

当然，除非完全是为了达到某种效果而编排的，那你就可以这么做了。但你必须非常小心，确保自己选择了合适的时机、合适的场合和合适的观众。

但如果不是策划好的，你就不要去做。我不在乎他们让你多生气，或者他们有多烦人，或者你觉得自己有多正当。发脾气意味着失控。工作法则玩家拥有的品质之一就是自控能力。

那你怎么能袖手旁观呢？你如何学会冷静和举止得体？很简单。抬头望天。不，说真的。只有当你参与其中且很在乎，自己就是问题的一部分时，你才会发脾气。如果你把注意力转移到更高层次的问题上，比如公司过去的美好时光，你就会更容易从新的角度看待任何让你烦恼的事情。

另一种方法是直接离开办公室或其他现场。你只要说"我觉得这种情况无法忍受"，然后离开。这种举动会产生相当大的影响，而且通常会奏效。此外，你也可以袖手旁观，心中默念数字（从1数到10）。

不发脾气并不意味着不表达你的情绪。你有权说："当你吃光所有的巧克力饼干、弄丢了发票、惹恼了另一个大客户、把车停在了总经理的停车位上、偷走了零用现金时，我觉得非常烦人。"不管是什么让你抓狂的事情，你都可以说出来。

你可以拒绝屈服于情感勒索、欺凌、过度自信的行为或抱怨。把事情憋在心里是行不通的。当你感到委屈的时候，立刻说出来，这样你就能及时缓和局面。不要让事情愈演愈烈，否则你很可能会爆发。把怒火一点一点地释放出来，你的情绪就不会达到顶峰。

当你感到委屈的时候，立刻说出来，
这样你就能及时缓和局面。

法则
084

对事不对人

假如别人的行为是错误的、烦人的或对部门有害的，那也只是他们的行为，与他们本身是什么样的人无关。这些行为从来不会对你造成影响，只会影响到整个部门的利益。要想记住这点，你可以参考美国的育儿方式。他们说："她不是一个淘气的女孩，她是一个做了一件淘气的事的好女孩。"或者，他们会说："他是一个做了一件坏事的好男孩。"

这两句话提供了本条法则必要的信息：问题不在于人，而在于他们的行为。所以，你要做到对事不对人。

你可以批评：

- 他们工作的方式。
- 他们的时间观念和工作态度。
- 他们的动机。
- 他们的沟通技巧。

- 他们的长期目标。
- 他们的关注点。
- 他们对办公程序的了解程度。
- 他们对公司政策的理解程度。
- 他们的人际交往能力。
- 他们的工作效率。

但你永远不能说他们懒惰、无知、一无是处、撒谎、偷窃、爱发牢骚。对，你永远不能这么说。他们可能需要重新培训、重新安置、重新教育、重新指导、重新激励，但你永远不要说出你对他们的真实看法。搞人身攻击，最坏的结果是你被解雇，最好的结果是你失去了大家的尊重和友谊。

你的老板也是一样。你可能认为他们无能、腐败和愚蠢。但你能这么说吗？当然不能。你甚至对同事都不能这样说。还记得我们说过要为资浅员工或处于劣势的人提供支持吗？对你的老板也一样。无论发生什么，你应该总是支持他，在他身边，要做到对事不对人。

搞人身攻击，最坏的结果是你被解雇，
最好的结果是你失去了大家的尊重和友谊。

法则
085

巧妙应对他人的愤怒

有时候你真的会惹恼别人。事实上，作为一名工作法则玩家，即使别人不知道你在做什么，也可能会对你嗤之以鼻。没有人喜欢自作聪明的人。如果你从人群中脱离出来，表现出很棒很酷的样子，你可能会被视为自作聪明的人。他们可能会针对你，把你当成靶子。你要如何化解他们的愤怒？首先，你必须明白有两种类型的愤怒：

- 有道理的愤怒。
- 策略性的愤怒。

有道理的愤怒就是正当的。你开车碾过了他们的脚就因为你没注意。他们很生气是有道理的。你是怎么做的？你从车里出来并道歉。此时，不要否认这是你的错，也不要表达他们在小题大做，更不要说你曾经整条腿被扯伤却从不介意。不要试图解释你为什么不注意脚下的路，不要试图抹掉整件事："我以为你会很高兴你的脚被一辆顶级的阿斯顿·马丁汽车碾过。"拜托，别在这个时候搞笑。

有道理的愤怒需要一个处理结果。如果你做错了什么，那就让对方表达他们的愤怒。是你让他们变成这样的。听听你做错了什么。然后道歉，想办法把事情摆平。请向对方表示你的同情，你可能无法给他们想要的，但你仍然可以让他们知道你理解他们的感受。不要忽视他们的感受，因为他们的感受是有道理的。

然而，策略性的愤怒完全是另一回事。策略性的愤怒是用来让你做你不想做的事情。人们发脾气是为了吓唬你。你能做的最糟糕的事情就是让他们得逞。如果你让他们得逞了，他们就会继续对你和其他人发脾气。你必须立刻阻止他们。方法很简单，你可以说："无论如何，我不喜欢被吼、被威胁、被恐吓、被欺负，如果你不停止霸凌，不冷静下来，继续挥舞拳头且仍然掐我的喉咙，我就离开。"

如果他们继续，那你就离开。就这样，什么都别说，直接走出房间。如果你经常这样做，他们就会明白你的意思。

拜托，别在这个时候搞笑。

法则
086

坚持你的立场，表明你的底线

坚持你的立场，表明你的底线，不允许任何人以任何方式欺负你、威胁你、对你大喊大叫、暴打你、恐吓你、吓唬你、戏弄你、伤害你或折磨你。你是一名雇员，如果你没有做好你的工作，上司或同事应该把你拉到一边，冷静而理性地指出你的错误。除此之外的其他行为都是逾矩。

你可以拒绝逾矩行为。你可以冷静而理性地警告他们立即停下来，或者你有权动用法律的全部力量让他们停下来。你必须知道什么时候该坚持自己的立场。

显然，如果他们只是轻微地取笑，对其他人也一样，那你就不能走开并声称自己遭到了不公平对待。如果你的老板偶尔对你发脾气，就像他对所有员工那样，那么，即使他不守规矩，你也不能要求欧洲人权法庭将他绳之以法。如果一个同僚说，如果你再用他的打孔机，他就会给你一巴掌，你真不能指望上议院会受理你的案子。我们在这里谈论的是真正的逾矩行为，而不是你在繁忙的工作和生活中邂逅的激烈打闹。

　　遇到这种情况，你可以问对方一些开放性的问题。这样可以避免你用卑鄙的手段和他们玩同样的游戏。如果你在别人面前这么做，会让他们感到尴尬和非常不舒服。当他们想再次把你置于这种境地时，他们会三思而后行。所以，在会议上，你可以礼貌地问："为什么你在上周的会议上没有告诉我这件事？这对我来说显然是有用的信息。"然后保持沉默，这样他们就有责任为自己辩护。你也可以说："当你说粗鲁话时，我感到很沮丧。你为什么要这么做？"这应该能制止他们的卑劣行径。

　　坚持你的立场就是要有一个标准，就像在沙地上画一条线，然后说"我可以忍受这个，但不能忍受那个"或者"我允许他们这样对我，但不能那样对我"。

　　坚持自己的立场就是要果断。果断就是表明你的底线："我不喜欢被锁在黑暗的橱柜里，我必须把这件事报告给我的工会代表、老板、警察、健康与安全委员会、我的母亲。"

　　如果你被欺负了，那就不停地反复强调："我不喜欢被这样对待。我不喜欢被这样对待。我不喜欢被这样对待。"不要发脾气，否则他们可能会觉得他们"赢了"。

　　　坚持自己的立场就是要果断。

法则
087

遇事客观去看待

如果你在工作中感到被欺负、被虐待、被折磨，你有很多选择：

- 放弃。
- 如实汇报。
- 勃然大怒。
- 什么也不说。
- 果断地处理问题。

你选择如何处理困境完全取决于你自己。然而，在你做出反应之前，先考虑一下长期计划。在你的职业生涯中，若不公平解雇或变相解雇出现在你的履历上，对你会有什么影响？我并不是说你应该忍受任何形式的辱骂，只是为了继续工作。不，我不是那个意思。我是说要客观地看待形势。

我曾经被某个上司嘲笑过，而且后果很严重。这个人把我当成了他的足球，只要他喜欢，就可以踢来踢去。奇怪的是，这种情况经常发生在他喝得醉醺醺的午餐之后。我的资历还很浅，没有什么选择。我要么放弃这份工作，要么越过他去举报。但他的上司也是他最好的朋友。如果我举报他，我很快就会被开除。我需要这份工作，不想放弃。我必须圆滑一点。当我们的一个大客户在场的时候，对于他的嘲笑、辱骂之类的行为，我采取了逆来顺受的态度。

我的上司不知道，大客户在倾听，而且很生气。大客户毫不含糊地把我的上司臭骂了一顿。他说，我的上司应该为自己那样虐待下属而感到羞耻。他把我的上司狠狠地教训了一顿，然后告诉我，如果再发生这种事，他就会把生意转移到别的公司。他的业务约占我们全部营业额的70%。

我的上司不得不在大客户面前向我道歉。我也没有再受到虐待。我觉得我能客观地判断事情。然后我等着，果然他又和别人发生了矛盾，最终被解雇了。我愉快地咧嘴一笑，眨了眨眼睛，向他挥手告别。

在你做出反应之前，先考虑一下长期计划。

第九章

了解职场体系并受益其中

　　如果你想升职，那最好熟悉其中的门道。本章的法则教你如何理解职场体系，以及如何在职场中发挥你的全部价值。它们会让你的管理才能超过其他管理者，因为你比他们更了解职场体系。

法则
088

了解办公室生活的不成文法则

任何工作场所都有一大堆不成文的规定。这些规定可能简单到"允许"谁使用哪部电梯、食堂、洗手间、走廊、室外吸烟区，也可能复杂到谁可以持有零用现金柜、复印机、文具柜、假日值班室的钥匙。我常常认识一些奇怪的人，他们做着从来没有人给过他们的任务。我曾在一间办公室工作，那里有一名瑞士翻译负责安排假日轮值。天呐，这是为什么呢？

你的假期必须得到她的批准，并且由她登记。但为什么是她？每当我问起这事儿，我就被告知，翻译负责安排假日轮值是公司一贯的规定。太奇怪了，太愚蠢了，太离谱了。我的主管应该完成这些工作，但我猜她很高兴翻译们帮她卸下了这个"负担"。真奇怪。

如果你在这份工作上已经有一段时间了，你现在应该已经学会了这一整套规定。如果你是新来的，那么这些东西都有待发现。嗯，你现在发现了这些法则，对你有什么用呢？很简单。这有点像工会过去的做法，你得遵守管理层从未真正理解或了解的费解法则。知道了这些不成文的法则，你就能在谋略上胜过任何人。

在我工作的办公室里，最资浅的员工必须在早上给老板端咖啡，而且有一条不成文的规定：这位最资浅的员工必须在老板喝咖啡的时候等着。并不是说下级"必须"这样做，这只是期望他这样做。我就是那个最资浅的员工。每天有大约五分钟的时间，我得到了老板的关注。我得到了公司权威人士的赏识。你可能已经猜到了，我充分利用了这样的机会。

最近我们部门的主管被调到了另一个部门。他不受欢迎，我只是跟老板提了一下这位部门主管有一些没有展露的技能，而这些技能在新部门会很有用。所以，他被调走了。

————

知道了这些不成文的法则，
你就能在谋略上胜过任何人。

法则
089

知道怎么称呼每个人

是的，你应该知道如何称呼每个人，但这并不意味着你要这样称呼他们。我敢说，卡特勒先生早就把我忘了。许多年前我是他的助理。当他换公司时，他打电话给我，请我和他一起加入新公司（跟我吹嘘了高薪等事宜），所以我答应了。

我和他在新公司工作的第一天，他对我说："叫我卡特勒先生吧。"不行，彼得。我在以前的地方叫他彼得，我打算继续叫他彼得。但现在似乎言之过早。新公司有好几个助理，他们需要了解他们的新老板，也就是这位卡特勒先生。他们都叫他卡特勒先生，因为这是他想要的称呼。我一直等到时机成熟，等大家都聚在一起的时候叫他彼得。

他不能在我的同事面前阻止我这么干，他们认为我拥有接近他的秘密途径，而他们没有。完全正确！卡特勒先生不再向我提出那样的过分要求了。我就叫他彼得，表明我是他的"高级"助理。称呼问题有哪些门道呢？太多门道了。

现在已经没有那么多的工作场所使用这样的正式称呼了，至少在英国是这样，但仍然有一些例外。然而，即使公司里的每个人都互相直呼其名，你叫某人伊丽莎白和对方特许你叫她丽兹之间可能存在巨大的社交鸿沟。也许得到特许的少数人甚至可以叫她丽齐。你需要知道如何称呼每一个人，以及要不要加入那些叫她丽齐的人的行列。他们是谁？你想被视为那个圈子的一员吗？

如果你和上级的关系不那么正式，这会让你凌驾于他人之上。然而，这会让你看起来像是他们中的一员。这可能是一件好事，也可能是一件坏事，你需要做出判断。如果你特许资浅职员对你使用特殊的称呼，别人就会觉得你希望成为那帮不久就能出人头地的家伙中的一员。通常，名字越不正式，你就越接近所对应的身份，进而也就能看出他们在等级制度中的地位。

在一份工作中，我与一位行政经理共事，出于奇怪的原因，他被称为"水桶头"。说来话长，你真的不想知道（相信我，你真的不想知道）。所有的高级职员，包括我这个财务经理，都当面叫他"水桶头"。董事会的人叫他水桶头。秘书科的职员也叫他水桶头。但其他人都叫他乔纳森，绝不敢叫他水桶头。我曾见过他怒斥一个资浅员工，因为后者犯了错，也叫他水桶头。我可从来不想叫他水桶头。对我来说，他一直是乔纳森。为什么？因为这种称呼把我们区分开来，使我与其他高级经理不同。

"叫我卡特勒先生吧。"不行，彼得。

法则
090

知道何时早到晚走

有一条不成文的规定：如果你想继续干下去，你就得加班，因为其他人都加班了。可事实是：除非有棘手的任务，否则，不动脑子的人才会推迟下班，不务正业的人才会推迟下班，"工蚁"们才会推迟下班。工作法则玩家想回家就可以回家，而且总是比任何人都早。

早上到办公室也是一样。谁说你必须早到？没人敢这么说。这是我们需要了解的不成文法则之一，这样我们才能根据自己的目的进行调整。

早到晚走的目的是想被看成和其他人一样努力工作。你要做的就是不让别人认为你是一个因循守旧的人，一个不务正业的人，而事实上你不必这么做，因为你比那些人好得多。你在规定的时间内完成了工作，所以你不必推迟下班。

如果你看过励志演说家的演讲，你会发现，当他们向你和其他听众提问时，他们总是举起手来。这就设定了榜样，你会自动举起手来，因为房间里已经有一只手举起来了。很傻，不是吗？但只要你们中有一个人在合理的时间离开，其他人就会跟着离开。你认为其他人都留下来，你也得留下来，这被称为"出勤主义"，是现代办公室生活的魔咒。我们都认为每个人都在看着我们，就像我们看着他们一样，看看谁会第一个崩溃、第一个离开、第一个惹老板愤怒。

然而，这只是传说。第一个离开的人不会错过任何东西。他们会解放其余的人。请现在离开，放大家自由。

你会担心错过某些事物，这很正常。但是，如果我们过着令人兴奋和有趣的生活，就会知道自己的人生很重要，而那些有意留下来加班的人实际上错过了生活中很多有意义的事物。

人们认为的"早退"（实际上就是准时下班，也就是在公司规定的下班时间离开）会引起不必要的注意，让我们看起来像是懒骨头或逃工。但如果我们自信而诚实地离开，这一切就不会发生。只有当我们偷偷溜出去，蹑手蹑脚地从后门溜走，夹着尾巴消失在夜色中时，我们才会因为比别人先离开而受到差评。所以，大胆地挥手，告诉他们："最后一个离开的人关灯。"如果他们真的很擅长自己的工作，他们也会像你一样按时完成工作。这样说是否公平还有待商榷，不过你可以这么想。

你会担心错过某些事物，这很正常。

法则
091

——

分清偷窃和福利

那么，你能带什么回家呢？笔、回形针或订书机吗？怎样算偷窃，怎样算福利？你应该搞清楚这点，因为这样有利于你对别人的监督。有人认为，把那些尚未损坏的东西都带回家，没什么大不了的。观察他们拿走了什么，并在心里做个记录。这可能会有用。当然，你不会拿走任何东西。

我知道有一个部门被全部开除了，因为一个新上任的总经理突然发现，该部门的所有成员都犯了重大盗窃罪，因为他们把退回的、损坏的、不可转售的物品都带回家了。

这是盗窃吗？这不重要，但他们因此被解雇了。如果他们中有人知道不能这样做，这个部门就不会全军覆没。如果他们中有人知道新上任的总经理对福利和盗窃的新界定，他们就能保住这份工作。

在你开始填满你的口袋之前，请确保这样做是值得的。那些钢笔真的那么吸引人吗？不管你找新工作需要多长时间，你能卖山足够多的廉价钢笔来养活你的家人吗？

我们已经了解了办公室生活的不成文法则。其中一条法则可能是你确实可以把福利带回家。如果你选择不这样做，确保你不会被贴上"老师的宠儿""乖乖女"或其他任何可能让你遭遇排挤的标签。即使你什么都不拿，也要成为"盗窃联盟"的一员。让你的老板知道你没有贪小便宜，但要让员工认为你和他们一样。

小心使用免费电话。虽然这些无法被带回家，但在不允许的情况下打免费电话仍然是一种盗窃行为。办公室的电话很可能被监听，所以不要让它成为你闲聊的工具。

虚报开支可能是办公室文化的一部分。如果你不这么做，很可能引起别人的警惕。那你怎么办呢？你必须诚实、磊落，但你不能出卖你的同事。这样做似乎是两害相权取其轻，但你遵守工作法则，不能容忍这样的行为。你最好提前告诉你的同事，他们可以做他们喜欢或想做的事，但你不会像他们那样无视法则的存在。事先警告他们，如果他们仍然坚持这样做，你是不会同流合污的。

———————

在你开始填满你的口袋之前，
请确保这样做是值得的。

法则 092

学会分辨谁是重要的人

我曾经犯过一个严重的错误。哦，我可能犯过很多错误，但只有这个错误与该法则相关，并一直留在我的脑海中。我曾在一家公司工作，那里有一个名叫哈里的维修工。每天下班的时候都会有人在维护记录本上写下任何需要做的事情，比如换灯泡、清理堵塞的厕所，以及修理坏了的椅子之类的事情。哈里在看到后都会去处理。我们有两个办公室，我过去常常很生气，因为哈里似乎在另一个办公室里待的时间比在我们这里待的时间长。

我在维护记录本上的笔迹变得简洁而清晰，但似乎并没有起到任何作用。如果我能找到哈里的话，就会亲自将我的不满告诉他。但他总会等我们回家后才进入办公室，晚上做维修工作。另一间办公室正在进行所有的维修工作，而我们的办公室里却什么也没做成。这让人无法忍受。有一天晚上我决定等哈里。

哈里没来，所以我去了另一间办公室。哈里在和我们的大老板（区域总监）一起喝咖啡。我怒吼道："你到底在做什么？我需要你去另一个办公室做维修，而不是坐在这里喝咖啡！"我犯了大错，原因如下：

- 你不该因为某人喝咖啡而对他大吼大叫，因为这是他的"茶歇时间"。
- 你不该因为某人喝咖啡而大吼大叫，如果他是被区域总监邀请喝咖啡的。
- 你不该在区域总监面前训斥某人，除非你事先向他们解释了所有的关键事实。
- 你要通过适当的渠道做适当的事，不要躲在那里等待一个犯错的员工。
- 你要学会分辨谁是重要的人——在这件事上，是哈里。

哈里为什么重要呢？因为他是我们区域总监的公公。他有我梦寐以求的权势和影响力。他在另一间办公室工作，因为他的儿媳告诉他这样做。就像我说的，我犯了大错。

在我工作过的公司里，掌管大权的是出纳、总经理的司机、会计和食堂厨师。确定这些人的身份总是要花一些时间。他们都有一些王牌，要么让他们接触到老板，要么让他们拥有着一些优势。请辨认出他们，并努力去了解他们。

哈里为什么重要呢？
因为他是我们区域总监的公公。

法则
093

跟重要的人搞好关系

你觉得我发飙之后和哈里相处得怎么样？我们之前的关系很糟糕。现在真是糟透了。你觉得我能叫他换灯泡吗？不行，现在不行，永远也不行。很明显，辨认出重要的人和跟他搞好关系是相辅相成的。

我曾经和一个审计员一起工作，他是一个彻头彻尾的照章办事者。一切都得按规矩来。他会检查所有细节，一丝不苟地完成工作。但他是一个重要的人。他不仅是审计员，而且似乎拥有远远超出会计职责范围的权力。高级管理人员对他俯首称臣，听取他的意见，向他寻求建议，不敢与他作对，对他心存畏惧。他们通常把他当作王室成员一样对待。

我从来没有弄清楚他为什么会有这么大的影响力，但我必须配合他的工作。一旦我确定了他的身份，我就得跟他搞好关系。那时候我还没有准备好。作为财务经理，我的部门经常受到他的密切监督。

我一路走来的每一步都让他心烦意乱。我们没有达成一致。他是一名审计员，而我是一名财务经理，这有很大的不同。我的任务是安装安全系统、改善现金流、削减成本，并收紧所有财政程序。他的职责是审计每一分钱。

　　一个星期六的早上，我带着孩子们去了一次旧货拍卖市场。当时是秋天，我觉得很冷，所以我在义卖会上买了一条学院风围巾。就是那种带条纹的、深色的、传统的围巾。周一我戴着围巾去上班。我在走廊里撞见了那位审计员。"啊，"他说，"我不知道你上过曼彻斯特大学。真是棒极啦。"然后他走开了。

　　我完全不知道他在说什么，直到我看到那条围巾上曼彻斯特大学的标志。这就是那位审计员上的大学（不，我没上过那所大学，也没上过任何大学）。从那以后，他就把我当成了自己人，一个好朋友、一个大学校友。

　　这是个意外。从那以后，我策划了一系列此类事件，以便跟重要的人搞好关系，我指的是那些有着不该有的强大影响力的人。这些人拥有与其职位或工作不相称的权力。

　　有一群人是你应该注意的，他们通常有着无法解释的影响力，包括司机、审计员、公关人员、人力资源专员、私人助理、公司元老、外部顾问、自由代理人、收银员、前雇员，当然还有维修工。

这些人拥有与其职位或工作不相称的权力。

法则
094

精通新的管理技巧

你不能停滞不前，不能安于现状，不能坐以待毙。当你在做这些事情的时候，总会有人抢在你的前面。

你必须与时俱进，这意味着要跟上最新的管理技巧、最新的流行语，以及当月最流行的高管风格。为了保持领先地位，你必须知道正在谈论的行话是什么。当其他人都在说"人力资源"的时候，你就不能称之为"人事"。如果在董事会专注于以客户为中心的核心业务或其他方面的时候，你还困在物流领域，那你就会看起来像个落伍的人。

我并不是建议你必须使用这些新技巧，但你最好了解它们以保持领先地位——可能有人会这样要求你。你可以在会议上玩流行词宾果游戏，每听到一个可笑的新流行词就给自己打一分，当你得到 10 分时，跳起来大喊一声"宾果"。这种游戏通常很有趣，还能让你保持清醒。

你肯定会听到很多无厘头的表达。比如，"蓝天"到底是什么意思？请看例句："我们必须让这个产品蓝天化"。这里的"蓝天"可能意味着"任何事情都可以，要有创造力，不要设限"，也可能意味着"我们是一群想要说话很酷而实际上很傻的行话专家"。

如果你使用流行语，尽量不要听起来很傻。当然，你应该在使用之前就搞清楚流行语的含义。

你还应该知道所有最新的管理准则，以及它们将如何影响你。当你谈论管理技巧时，尽量不要让自己显得很落伍。比如，在我那个时代，有一个词叫"物流"，但现在它叫"供应链管理"，当你读到本书的时候，它可能是我不知道的其他名词。

你应该知道这些流行语的优点和缺点，以防它们突然出现时让你很难堪。也许你会认为这就是吹牛大王们的专利语言，但我不这么认为，所以，你必须把流行语纳入你的职业发展计划。你要着眼大局，因为在一天结束的时候可能会出现一个新的领域，而你的核心业务的最佳实践将是一种连锁效应。如果你不能获取新知识，并跳出框框思考，就会被踢出圈子。突破极限可以让你加入大人物的行列，而不必改变你的目标，也不必在面对强硬的态度时付出额外的努力。所以，请你挑战极限，底线就是保证整体质量。

当你谈论管理技巧时，

尽量不要让自己显得很落伍。

法则
095

洞察潜在趋势和隐形议程

当你的上司说他想改善客户关系，让你们都去学习关于如何微笑的课程时，不要被愚弄了。这与对顾客微笑无关。事实上，你的上司即将接受评估，他需要表现得很好，看起来很有干劲，善于发挥主动性和积极性。

所以，你们要集体出发，完成课程，并努力记住知识要领，练习微笑。为什么？你对顾客笑不笑，你的上司根本不在乎。他想要的只是在自己的评估中大放异彩。

在工作中这种事情频频发生，远超大多数人的想象。有一次，我自愿参加每个星期一的大学课程，学习工资单和复式记账法。我的上司认为我很敏锐、上进心强、很有热情。真是胡说八道！每个星期一我都想离开办公室，因为那天我必须处理所有文件，我讨厌这样。去大学上课似乎是一个很好的解脱。

你可以质疑每个人和每件事的动机。这并不意味着你必须变得偏执。没人想要伤害你。你所要做的就是当心隐形议程。它可能不会以任何方式影响你，但你发现真相的过程会非常有趣。

我曾经为某位领导工作，他总是喜欢最后一个离开。我认为他认真而勤奋。直到他因欺诈被捕后，我才意识到，其他人都走了，他还留在这里是为了抓住篡改账目的机会。

我们要常常提问：

- 为什么会发生这种情况？
- 我还缺什么吗？
- 谁会从中受益？
- 他们是如何受益的？
- 还会发生什么？
- 我能从中受益吗？
- 如何从中受益？

就像我说的，不要偏执，要了解事实。

事实上，你的上司即将接受评估，
他需要表现得很好。

法则
096

了解并培养自己的偏爱对象

每个老板都有自己的偏爱对象。我知道老板们（或我们）不应该这样，但这是人的本性。这是因为我们都是凡人，甚至有些父母也有自己的偏爱，尽管他们永远不会承认。本条法则分为两个部分：

- 如果偏爱现象持续存在，而且将来还会持续下去，确保你就是老板偏爱的对象。
- 确保你知道其他部门所有成员的偏爱对象。

如果你的老板有自己的偏爱对象，你可以反对这条法则，或者试着成为老板偏爱的对象。如果你真的成为那样的幸运者，不要在同事面前炫耀。谦逊，保守，不要出风头；否认，不承认，假装一切都没发生。

要想成为最受欢迎的人，你就得依靠技能、风度、魅力、才能、专业知识、经验和个人亲和力。你绝不能诉诸拍马屁、阿谀奉承、谄媚、巴结、恭维或讨好老板的手段。你得靠努力赢得别人的喜爱，而不是靠欺骗手段偷偷博取好感。如果你这样做，就会被你的同事讨厌。如果你可靠、可信、高效或诚实，那么你的同事就会包容你。

你会轻而易举地在其他部门找到最受欢迎的人。他们会得到和你一样的待遇。他们将：

- 获得假期轮值的第一个选择权。
- 被信任，成为知己。
- 被邀请参加会议。
- 获得声望很高的工作和福利。
- 被老板搭讪，而不是被呵斥。

一旦发现这样的人，你就和他交朋友。这样，你就能知道发生了什么，能和圈子里的人混在一起，能得到其他部门领导的赏识，还能跻身精英之列。此外，如果你真的不赞成偏爱现象，就不要这样做。

———————

你得靠努力赢得别人的喜爱，
而不是靠欺骗手段偷偷博取好感。

法则
097

了解并理解公司的使命宣言

在过去的美好岁月里，某家公司的使命宣言可能是：尽可能多地赚钱，不要让股东烦我们。现在不是了。使命宣言现在要复杂得多。如果你想在你的工作中取得成功，就必须了解和理解使命宣言，然后充分发挥你所有的价值。如果你能确保自己看起来真的站在公司一边，那么，引用使命宣言会为你赢得印象分。如果你的老板不支持你的使命宣言，或者认为这是垃圾，不值得费心，那就对使命宣言保持沉默。

理解某个使命宣言通常很容易。例如，迪士尼承诺给所有人带来灵感、娱乐和信息。沃尔玛承诺让"普通人"有机会拥有与富人一样的东西。但要真正理解这些宣言，你必须阅读所有的附属细则。例如，迪士尼的承诺很简单，但还有很多，因为他们还列出了乐观、正派、团队精神等企业价值观。

假设你在迪士尼工作，但如果你觉得上述对你毫无用处，你就不配称自己为工作法则玩家。想象一下，有了这些东西，你会有多开心。

想象一下，如果你在会议上引用其中的一些话，你会拥有多大的影响力。有人提出了一个你不喜欢的创意，你可以说这个想法不乐观。

有些公司的历史使命宣言非常宏大，你可以充分利用其价值：

- 福特公司（20 世纪初）——福特将汽车大众化。
- 索尼公司（20 世纪 50 年代初）——成为改变日本产品在世界上质量低劣形象的最知名公司。
- 波音公司（1950 年）——成为商用飞行器的主导者，并将世界带入喷气机时代。
- 沃尔玛公司（1990 年）——到 2000 年，成为市值 1250 亿美元的公司。

如果你能确保自己看起来真的站在公司一边，

那么，引用使命宣言会为你赢得印象分。

第十章

应对竞争

　　如果在一次升职中有五个可能的候选人，你如何识别他们？你又如何让自己成为最明显的选择？下面的法则教你如何识别你的竞争对手，然后让自己成为最受欢迎的人。记住，要拒绝冷酷无情或阴险狡诈。事实上，如果你很好地实践了这些法则，就会得到他们的推荐，有望在他们之前得到晋升。

法则
098

识别竞争对手

且说，这里有一个晋升的机会。你想晋级，想要更上一层楼。这次晋升也在你的长期计划之内，是你迈出下一步的最佳时机。麻烦的是，你并不是唯一的竞争者。当然，还有其他人需要考虑和排除。显然，任何岗位任命都有两类候选人：

- 内部候选人。
- 外部候选人。

内部候选人包括你的直接同事、其他部门的员工、其他分支机构的员工、其他专业领域的员工。如果是你的直接同事，你很有可能知道谁对晋升感兴趣。对于其他部门的员工，你应该通过检查资料来源来确认，你应该让每个部门的每个亲信都能听你的话（参见法则94）。来自其他分支机构的员工会给你带来一些挑战，但你应该通过你的联系人来获取这些信息（参见法则53）。来自同一组织内其他专业领域的候选人才是真正的考验。通常情

况下，你不知道他们，直到他们突然出现在面试阶段。20世纪70
年代初，我在美国运通公司工作，当时我正要被提升为部门主管。
我已经排除了同事之间所有潜在的竞争，探查到其他部门和分支
机构没有竞争对手，然后我感到了安全和放松。突然，一个来自
完全独立但平行的专业领域的新候选人出现了。我是会计，这个
人是安全部门的。我问你，安全部门的人对账户监管了解多少？
高级管理层显然认为他们懂得很多，因为他们得到了这份工作。
我还没机会去讨好他们。这让我措手不及。

公司外部的候选人很狡猾。你不知道谁会申请竞聘。但是你
可以：

- 在招聘公告发布前看一看，对职位要求有一个相当好的想法。
- 利用联系人从外部找出入围名单上的人。
- 再次通过联系人了解谁将受邀参加面试，以及你将面临什么样的竞争。

记住，知识就是力量。你可能不喜欢你发现的东西，但至少你会知情。

你要通过联系人了解谁将受邀参加面试，
以及你将面临什么样的竞争。

法则
099

仔细研究竞选机制

如果你要参加竞选，而且竞争激烈，那么，你需要阅读、理解并完全掌握竞选机制。你需要修改你的简历、申请文件和面试技巧，这样才能完全符合理想候选人的形象。你必须研究竞争对手在做什么。假设这个职位是计算机销售部门的主管。你知道你拥有：

- 销售经验。
- 电脑使用经验。
- 但几乎没有管理其他员工的经验。

现在来看看你的竞争对手。假设还有另外两个候选人：

- 罗文对产品有良好的操作知识，有良好的管理经验，但对销售一无所知。
- 裘德在销售方面很好，有出色的管理经验，但根本不了解产品。

谁是理想的候选人？这完全取决于管理层在寻找什么样的人，或者他们认为自己在寻找什么样的人。这份工作显然需要三个部分：销售经验、产品知识和管理经验。你有三个中的两个，另外两个候选人也是。但是，哪一个对管理层来说是最重要的呢？你需要：

- 阅读职位描述。
- 与正在做这项工作的人保持联系。
- 研究管理层的想法。

如果你擅长的两个领域中有一个是职位描述中的重点，那么你已经淘汰了一个候选人。现在这场竞选成了两匹千里马之间的对决。然而，如果还有一个重点是管理经验——这是你的薄弱之处，那么你不得不将重点更多地转向你自己的技能和经验。在面试中，你必须找到充分的理由，解释为什么你的管理经验不足不会对你造成影响。你要多谈产品，说明了解产品及其潜力是多么重要；你也要突出销售的重要性，多谈销售业绩如何决定这个部门的生死。

显然，这只是一个例子，现实情况要复杂得多。

————

谁是理想的候选人？

这完全取决于管理层在寻找什么样的人。

法则
100

要用正当手段参与竞争

在攀上顶峰的过程中，你唯一不能做的事就是背后捅刀子。你不能用非法手段打败竞争对手。你可以大谈自己的才能和技能，并通过强调自己的专业知识和竞争对手的弱势，巧妙地影响管理层的决定。你可以暗示、建议、拐弯抹角地说。你不能做的是开诚布公地说明为什么你认为他们没用。你要让管理层注意到你有多好，而不是指出对手有多差以证明他们不适合升职。

你不能做的事情包括：

- 说竞争对手的坏话。
- 向对手背后捅刀子。
- 说任何人的坏话。
- 说关于其他选手的谎话（参见法则 49）。
- 透露你发现的可能影响对手竞争机会的秘密信息。
- 窃取信息。

- 偷看、刺探或暗中监视。

以上都是你不能做的。但是你能做什么呢？你可以：

- 利用你所有的人脉来了解竞争对手的实力。
- 根据管理层的要求，创造性地提高自己的素质。
- 谈论你自己的优点，突出他们所缺乏的、你拥有的特殊技能和专业知识。你不要说他们不具备所需的东西，你要确保管理层知道你拥有这些东西。
- 向管理层推销一些他们甚至不知道自己想要的东西，而对手是不具备这些东西的。

在攀上顶峰的过程中，
你唯一不能做的事就是背后捅刀子。

法则
101

了解升职心理学

假设公司内部出现职位空缺。你很喜欢这份工作。它适合你的职业发展计划，你也需要额外的钱，你还有相应的专业知识、经验和资格。你认为你可以申请这个职位。但这里起决定作用的是什么？衡量资质的标准是什么？

你认为某职位是空缺的，因此，只要某人具备合适的资质，他就能填补这个职位空缺。但什么是合适的资质呢？我知道你会说：

- 经验。
- 资格。
- 专业知识。

这些都是你所拥有的，这就是为什么你是一个完美的候选人。但事实恐怕不完全是这样的。通常发生的状况会超乎你的认知。例如，发布招聘公告的原因可能是：

- 总部说必须这样做，但管理层无意填补这个空缺。
- 你的经理已经非正式地填补了这个空缺，这个职位已经被私下提供给了某人。
- 这个职位正在裁员，它将由一个六个月后被解雇的人来做。
- 整个招聘过程都是在浪费时间，因为已经在做这份工作的人辞职了，但他打算在最后一刻撤回辞呈，他只是在坚持加薪。
- 这是一场"除掉某人"的行动，他们会把它提供给完全不适合的人，所以他们有理由解雇他。
- 创建这个职位是为了让经理把它交给他最喜欢的人、朋友、亲戚、勒索者。

我不想让你疑神疑鬼，但有一百万个理由可以解释为什么你可能得不到这份工作，尽管你在理论上是最合适的人选；也可能有一百万个你不应该申请这份工作的理由。你必须知道所有这些。无论招聘职位是什么，你都要研究一下心理学。事情可能并不完全像看上去的那样。不要上当受骗。

————

无论招聘职位是什么，你都要研究一下心理学。
事情可能并不完全像看上去的那样。
不要上当受骗。

法则
102

——

不要泄露消息

最好不要告诉任何人，你：

- 打算在公司内部申请一个新职位。
- 打算在公司之外申请一份新工作。
- 无论如何都在考虑辞职。
- 正在考虑要求加薪。
- 正在考虑改变你的工作时间。
- 是一名工作法则玩家。

不要把你正在做的事的相关信息泄露给任何人。提前泄露消息可能会被视为吹牛皮，工作法则玩家从不吹嘘任何事情，我们本身是非常谦逊的；或者，提前走漏风声可能会引起流言蜚语，我们知道关于这一点的法则，不是吗？事实是，即使你只告诉一个人，事情也会泄露出去。那个人会告诉他最亲密的朋友，那个朋友再告诉他的朋友。这样下去，直到你被带到老板面前，质问你为什么下周一要辞职，而你只是在食堂里对查理说过你正在考虑离职的事。如果你确实透露了自己的信息，你可能会遭受：

- 杂乱的谣言。
- 流言蜚语，以及别人可能利用八卦来对付你的机会。
- 把竞争优势送给了竞争对手，这不公平。
- 给出了管理层在这个阶段不应该知道的信息。

你甚至不要自言自语。不泄露自己的意见，你就不会犯太大的错。你打算做什么完全取决于你自己。如果你需要信息，而有人问你为什么需要，那就编造一些完全虚假的东西。不，这不是撒谎，这是在迷惑他们。不要撒谎，但你可以谨慎、迂回、有创造力、有创意、思路怪异，你可以设一个诱饵。

如果有人直接问你是否在考虑申请某个职位，你可以毫不犹豫地回答："哦，想想而已。"这意味着申请了，还是没申请呢？记住揣着明白装糊涂，不要撒谎，不要说"不"，因为在你申请新职位的时候别人是能看到的。

不泄露自己的意见，
你就不会犯太大的错。

法则
103

保持警惕，密切注意新消息

如果你不知道发生了什么，你如何做出明智的决定或协调你的职业规划？这可能就像有人申请你心目中的职位一样简单。如果他们更有经验，更有资格，在该领域有更多的专业知识和技能，那么你保持克制可能是明智的。如果你不这样做，可能就会失败，而工作法则玩家总是成功。

现在你不想要流言蜚语，你想要确凿的事实。你想知道发生了什么，而不必听闲聊和闲扯。因此，你有必要：

- 利用你的联系人获取其他部门的信息。

- 在会议上集中注意力。你常常会惊讶地发现，你能通过阅读字里行间而获得如此多的信息。

- 观察并倾听潜在含义——人们所说的可能掩盖了真正发生的事情。

- 在办公室里培养你最喜欢的人，你会发现他们总是知道一些普通人不知道的事情，你只需要让他们开口就行了。

- 及时了解行业新闻。因为你可能会在普通员工被告知之前就得到一些"泄露"给媒体的信息，比如新的合并、接管、收购竞争对手公司，所有这些都是有用的信息片段，可以让你比同事和竞争对手领先一步。

很多人在工作上一事无成，因为他们在工作上花了太多时间。你需要时不时地抬起头来环顾四周。你可能会发现，当你忙着觅食时，你的队友已经离开了，而现在你独自一人，被遗忘了。

————

你需要时不时地抬起头来环顾四周。

法则
104

让竞争对手待在原来的岗位上

我们已经了解了为什么你不能在背后捅刀子（参见法则100）。你知道，你不能说任何人的坏话，但不管怎样，其中一个竞争对手和老板走得太近了，看起来升职可能会按照他们想用的方式进行。你会怎么做呢？当然，你希望那个竞争对手在原来的岗位上具有不可替代性。你可以指出他做的所有重要但平凡的工作都是无人可以复制的。你向你的老板指出他在枯燥乏味的领域的优势："天啊，如果没有莉亚来整理文件，我真不知道我们该怎么办。她一定是处女座，她很擅长做这种事。"但你要保证你说的都是真事儿。我们永远不要说谎（参见法则49），只是表扬竞争对手的某项技能。

你的老板就是你的客户，你把你的服务卖给他。你的同事就是你的竞争对手。如果你在卖汽车，有人问你其他销售员卖的车是不是更好，你会怎么说？你不会说："是的，他们卖的车比我们的好得多，也便宜得多，事实上，你现在应该直接去那里买一辆。"但你也不会说什么不好的话:"他们的车都是偷来的。"你可以说:"他们的车很好,但他们吸引的是不同的客户。他们卖的家庭轿车比我们多。"你没有撒谎。你间接地奉承了你的客户,你的言下之意是:"你显然需要一辆更高档的高管专用车,而不是他们卖的那些小轿车。"但你没有说任何坏话。

你还可以搬出新职位的某些难题,给你的竞争对手提个醒:"如果你得到了理查德的工作,你认为你将如何应付所有这些会议?我记得你说过你讨厌开会。"希望她一想到那些枯燥乏味的、没完没了的、令人生畏的会议,就会放弃。此外,你发现那些问题很刺激,令人兴奋,非常有成效。而且你没有说任何不好的话,只是问了一个简单的问题。你会让你的竞争对手想要待在原来的岗位上,他会让自己变得不可替代。

你的老板就是你的客户。
你的同事就是你的竞争对手。

法则
105

不要对竞争对手明褒实贬

上一条法则让我们看起来好像有些阴险、狡猾或无情。事实并非如此。每件事都必须是认真的、真诚的、诚实的。除非你是认真的，否则不要赞美别人。用赞美来贬低别人是很容易的，但这样很恐怖，你实际上是在陷害无辜。你可能认为这是一个聪明的方法。事实并非如此。你会立刻被看穿，给人以肤浅、报复心强、冷酷无情的印象。记住，如果你不说好话，那就闭嘴吧。嗯，你可能认为你可以明褒实贬，但你不可以，这是说话之大忌，下面举例说明：

- "哦，我知道乔丹是个非常古怪的人，他是一个非常独立的思想家，他真的能打破常规，很有创意，也很特立独行。"

你真正想说的是：他是一只独来独往的狼，有点疯狂，不要相信他能组织一场茶话会，更不用说整个部门了。

- "乔丹是一个非常有决心的人。他不在乎花多少钱，他只在乎工作的最终细节。不管发生什么事，他都喜欢把事情坚持到底。我很钦佩他的能力，他不仅能看到项目的价值，还能专注于社会效用。"

你真正想说的是：他连自己的钱都管不好，更不要说去打理别人的钱了。

- "乔丹真的是我们中的一员。他知道如何放松自己、享受生活。我钦佩他的酒量。如果有什么古怪的特技表演在进行，乔丹总是置身其中。他如此自由，如此以年轻人为导向。"

你真正想说的是：他是个酒鬼，有点疯狂，不要相信他能照顾好员工，而且他的心理年龄就像个青少年。

- "我们不能把乔丹留在办公室。他是这样一个生龙活虎的人。我觉得我们的小笼子容不下这么个精力旺盛的人。我羡慕他。我坐在这里做文书工作，而他出去和客户交谈，保持联络，在销售方面表现出色。"

你真正想说的是：乔丹不擅长文书工作。

不要落入这样的陷阱。你的上级会看穿的，如果他们是正派的人，他们不会喜欢你这样做的。

嗯，你可能认为你可以明褒实贬，但你不可以。

法则

106

抓住时机让你的事业蒸蒸日上

在例行公事的工作和单调乏味的日常生活中，总会有一些突发的事情。这些紧张的活动或公众关注的时刻也是你提升事业的时刻。比如：

- 初步筛选面试。
- 第一天上班。
- 运行汇报。
- 举办一场展览。
- 主持一次重要会议。
- 负责员工培训。
- 处理危机。
- 与工会谈判。
- 参加健康和安全委员会会议。
- 成为急救人员。

- 组织员工活动。
- 负责政要、名人或皇室成员的访问。
- 编辑时事通讯。
- 与媒体打交道。
- 监督办公室搬迁。

很多人在第一次面对这样的活动时，都会感到沮丧和恐惧。"哦，不，"他们喊道，"今年我不想在 NEC 办展览了。为什么又选我干这苦差事？天呐，为什么？"

而你不会，你知道这是一个提升事业的时刻。你最好抓住这个机会发光发亮。没有不好的工作，只有不好的工作态度。

一定要想办法让这样的工作变得更美好、更有趣、更流畅、更快捷，并意识到它们为你提供了脱颖而出的必要条件。

———————

没有不好的工作，只有不好的工作态度。

法则
107

|

培养同事之间的友谊和认可

如果你遵循本书中列出的所有法则，你将成为一个十足的好人，讨人喜欢、自信、随和、笃定。你会成长，但仍然会有很多乐趣。你需要同事的支持，需要他们的友谊和认可。如果你没有这些东西，就会面临被诬陷、被推倒、被抛弃或被扔掉的可能。但是，当你千方百计地想要晋升到他们之上，成为他们的上司时，你该如何获得他们的友谊和认可呢？

你所要做的就是成为团队中的一员，同时保持一点超然的态度。你必须和羊一起逃跑，和狼一起打猎。你必须是"他们中的一员"，也是老板中的一员。

你需要与员工交往，但不能失去控制——不能喝醉，不能和他们中的任何一个人关系太过密切，也不能被牵涉其中。他们讲笑话，你要笑，但不要和他们一起去度假。他们倾诉烦恼，你要听，但不要告诉他们这些烦恼是微不足道或无关紧要的。当他们面临压力时，支持他们、照顾他们，但你自己要始终保持冷静。

你必须表现得像他们的慈母，同时也是他们的朋友和同盟。你必须倾听他们对管理者和老板的抱怨和牢骚，但不要暴露你的真实身份——你最终会成为他们的新老板。

你必须帮助他们完成工作，这样他们才能依赖你。你必须成为外交家、调解人、裁判、朋友和牧师。你必须让他们爱上你，因为你很友好。

你必须成为他们的力量之塔、他们的支柱和密友。你得让他们觉得你很特别，觉得他们的生活因失去你而暗淡、沉闷、无聊。你必须是派对的灵魂人物，是聚会的组织者，是狂欢之后的残局收拾者。

这一切都是可能的，虽然不容易，但却是可能的。如果你在某种程度上得到了同事的支持，他们就会推动你不断进取，他们希望你成为他们的老板，要求你领导他们。你将成为出类拔萃的工作法则玩家。

———————

他们讲笑话，你要笑，
但不要和他们一起去度假。

法则
108

必要时打破法则并破茧成蝶

生活并不会遵循一种简单易行且一贯正确的模式。有时候，意想不到的事情会发生。而真正的工作法则玩家满怀信心，能够理解和意识到这些时刻，并打破法则。

我遇到的许多优秀且忠实的工作法则玩家一开始都在盲目地遵循每条法则。当你小试牛刀时，这是明智之举。毕竟，如果你选择自满和吹嘘"我能做这件事"，那就不太靠谱了。没有人觉得任何事情都是轻而易举的。我们应该做什么，这可能是很清晰的，但并不总是意味着做起来很容易。有时我们甚至不确定该走哪条路。

所以，一定要认真对待每一条法则。这就是总体思路。然而，作为一名工作法则玩家，当你变得更加舒适和自信，并开始培养自己遵守法则的本能行为时，你就可以放松了。你将不假思索地自动遵守许多法则。一旦你到了这个阶段，你会发现，偶尔（只是偶尔）会有一条法则真的不太合适你。

你没必要说服自己必须遵循这条法则。你的态度要明确和客观。但当你的直觉告诉你，你要打破某条法则时，那就去做吧。

就我个人而言，我发现很少有必要打破法则。这不是每天都要发生的事情，甚至不是每周都要发生的事情（至少不是故意的）。当然，我不是完美的。当我回顾我的一天时，我仍然觉得我应该更好地处理一些事情。但我确实偶尔会打破一些法则。例如，工作法则玩家从来不会故意在公共场合贬低别人，但在我的生活中，我遇到过两次欠扁的人，真的需要有人在公共场合贬低他们（以阻止他们贬低别人），我很乐意效劳。

听着，说到底还是靠本能。遵循法则，直到它们根深蒂固，成为你的本能，然后相信你的本能之善。如果你不时地回顾这些法则（不仅是这些法则，还有你在生活中遇到的其他法则），从而确保你没有忘记或误解它们，并努力解决那些你觉得棘手的问题，你可以自信地说："假以时日，你的本能会比任何一本书都更能帮助你。"

遵循法则，直到它们根深蒂固，

成为你的本能，然后相信你的本能之善。

第十一章

附加法则：力量法则

　　一旦你掌握了工作法则，你就可以开始学习力量法则了。我们正在提高赌注，并建立一种方法，使你的事业蒸蒸日上。这些法则将确保其他人认可你的权威，听你的话，按你说的做。这些都是真正的领导者所理解的法则。

　　不过，我们都是法则玩家。我们的目标不是对宇宙施加终极力量，让所有生物屈服于我们的意志。我们遵守法则甚至不是为了践踏他人，以牺牲他人为代价，把自己推向顶峰。这里的目标要温和得多。我们希望，当我们看到什么是正确的、适当的或明智的做法时，我们能够确保付诸实施。我们不想踩着别人的背爬到顶峰。我们想靠自己的努力和功绩登上巅峰。我们只是在确保自己不会因为缺乏影响力或不够努力被倾听而错失良机。

　　所以，我们有了力量法则。这些法则会让你被倾听、被赞扬、被认可、被追随。明智地使用这些法则吧！

法则
001

知识就是力量

每个人在认为自己正确的时候都会显得更有权威。问题是，正如你所注意到的，有时人们认为他们是对的，但事实并非如此。如果你表现得好像你拥有好的论点、计划、决定，但实际上其他人可以看出你并不像你想的那样正确，你就会给人留下狂热分子的印象。你最多只能让别人注意到你的错误。

我小时候有个朋友，他的父亲是牧师。一天，这位朋友到他父亲的书房去取东西，他瞥了一眼他父亲正在写的那篇布道词，它就躺在书桌上。他注意到父亲在页边空白处写了几个字，觉得很好笑，于是，他高兴地拿给他的朋友们传阅，他父亲写的是："大喊大叫，争辩力弱爆。"事实就是这样，只要你的论点不那么强有力，你就会情绪化地把它表达出来。

真正强大的人，那些看起来很强大的人，不需要情绪化，因为他们绝对知道他们的论点是最有力的。他们是怎么知道的？因为他们已经做了研究，核实了事实，确定了他们需要展示的东西和他们需要说服的人。他们已经发现了谁可能会反对他们，对方的论点是什么，他们该如何反驳。这样他们才能保持冷静，让事实说话。

真正的力量看起来毫不费力。是的，你有很多工作要做，但如果你表现得焦虑、恐慌、情绪化，你就会破坏你在别人心中的权威性。你想要表现得非常肯定自己，没有任何浮夸或傲慢（这两种都是缺乏自信的潜在迹象），这样就没有人想要质疑你说的话。

你从哪里获得这种自信？你完全确定你掌握了所有的事实，你知道如何回应任何可能针对你的论点。你的经验越多，就越容易做到这一点。我在出版社有一位编辑朋友，她很聪明，知道出书的想法什么时候行得通，什么时候行不通。她可以给出理由，总是紧跟当前的趋势，把握行业的脉搏，在这类事情中，总是有一种源于经验的本能元素。她过去总是对的，所以大家都听她的。她知道的和理解的东西远远超过了他们中的大多数人，他们也很清楚这一点。

你不必等到你积累了多年的经验。你要阅读、倾听、交际，确保你知道别人所知道的一切，甚至更多。如果你是唯一一个读过一项新立法的人，你把它拿到会议上来探讨，并对其影响发表一些评论，你的形象马上就会变得更高大。如果你听到了一些能够改变团队决策的小道消息，那么谁拥有这个力量？你拥有！

因此，尽可能收集所有的事实和信息，充分准备你的论点，积累经验，这样，当你冷静自信地说话时，每个人都能看到你是对的。

真正的力量看起来毫不费力。

法则
002

学会转身离开

你知道怎么砍价，不是吗？如果一切顺利的话，你出个低价，卖家把价格降低一点，你要求一个更好的价格，他们也会让步。如果不顺利，他们拒绝了你的最新报价，你就走开。你的想法是，他们会追着你跑，同意你的价格。当然，风险在于他们不会这么做。如果你不好意思地回到卖家那里，他们知道，你想要的东西多于他们需要卖给你的东西，他们掌握着所有主动权。

如果你想要你的砍价方法奏效，你要确保你真的不想要这个东西，不想支付它的价格，这时你可以离开。如果他们不跑过来，你很乐意放手。

当然，这不仅仅适用于商店和市场摊位。它也适用于你与客户和供应商的所有商业交易，或要求加薪，或商定谁在下个月的会议上担任什么角色。这并不一定像在集市上讨价还价那样公开且直白，但原则仍然是一样的。如果你准备放弃这笔交易，你就掌握了主动权。例如，如果你宁愿递交辞呈去找另一份工作，也不愿将就着不加薪的工作，那就去做吧。不要威胁，不要发脾气，只管去做。如果他们带着更好的报价来找你，那就再好不过了。如果他们不这样做，你仍然很开心。

我希望，很明显，只有当你真的准备离开时，这才有效。如果你不这样做，这就是一个高风险的策略，因为如果他们也准备让你离开，就会放你走。你怎么办？你必须确定你能接受这样的结果。所以，当对方比你更急于达成共识时，这才是最有效的。当这种情况发生时，他们会给你很大的权力，所以，当这种情况发生时，你一定要意识到。读懂他们的暗示，了解自己的想法，然后在需要的时候离开。

当然，你遵守工作法则，所以你不会以轻蔑、傲慢或欺凌的方式离开。你只需要安静而礼貌地让他们知道，当前交易对你来说不划算，但是感谢他们抽出宝贵的时间，你很抱歉没有成功。面带微笑，和他们握手，然后离开。

现在轮到他们做选择了。不管他们做什么，你都无所谓。最好的情况是他们会提出一个值得接受的新报价。如果他们不这样做，那也没关系。你会找到另一份工作，或者一个新的供应商，或者放弃销售，或者在会议上坚持你目前的职责。

不管发生什么，你会发现你在走开时所行驶的控制权为你的未来赢得了更多的尊重。这是一件很给力的事情，也显示了你那令人钦佩的自信。

———————

当对方比你更急于达成共识时，这才是最有效的。

法则
003

|

了解一下和你打交道的人

你知道你的主要供应商去年去哪里度假了吗？你知道你的同事为什么离开上一份工作吗？你知道你的顾客中谁有孩子吗？你的老板上一次把工作搞砸是什么时候，为什么？什么最让你的直属经理恼火？如果你能回答所有这些问题，那就奖励自己一颗金星。

如果你想给某人留下深刻印象，与某人竞争，让某人开心，与某人达成交易，你需要尽可能了解他们的一切。我指的不仅仅是事实和数据（尽管这些也是），还有他们的好恶，以及他们的优势和弱点。

听着，我们是工作法则玩家。我们不是在收集别人的黑幕作为筹码。我们不勒索别人。这不是问题所在。我们要了解他们，洞察他们的内心。这意味着你可以为客户提供真正适合他们的交易，或者在关键时刻帮助你的同事，而不是一直提供他们不需要的帮助。这意味着你可以写出一份真正吸引老板眼球的报告，或者说服你的经理采纳你的建议。

你可以做你喜欢做的事，只要你了解和你打交道的人。我曾经有一个同事，他的部门总是充满了最新、最闪亮、最先进的设备。这意味着他们可以在自己的工作中表现得最好，他们曾经赢得过荣誉。有一次我问他，既然他的上司真的厌恶风险，他是如何说服她将部门预算用于未在公司其他部门做过测试的设备的？他狡黠地告诉我，他的老板是害怕会落在后面。因此，每当他想让她升级什么东西时，他就会让她明白，不投资是多么可怕，而且会逐渐落后于其他部门。最后，他让她接受了他的思维方式，因为他们先进的软件和设备对他们很有帮助。换句话说，他不仅用他的知识造福了自己，也造福了他的公司和他的上司。

你需要和人们交谈来理解他们，你需要倾听他们所说的并从中找到线索。你要把奇怪的评语归档备用。你要问一些能够确定他们真正的忠诚、担忧、热情、恐惧、满足和兴趣所在的问题。

你这样做既是为了他人的利益，也是为了你自己的利益。你可以给他们想要的，只要你知道那是什么。当然，你也会获得尊重，达成共识的概率也会大大提高，这将为你在同事中赢得赞誉。有什么好损失的呢？

你这样做既是为了他人的利益，
也是为了你自己的利益。

法则
004

树立威信

你知道，人是很容易受他人影响的。如果你看起来很强大，其他人会认为你很强大。换句话说，你是他们眼中的那个人，他们会帮你树立威信。如果你的一切都凝聚成一个统一的整体，你就会成为你看起来的样子，然后你就会获得真正的威信。

我记得我在 21 岁时做过一份工作。我必须组织比我年长的、资历比我高得多的人，并获得他们的配合。有一天，我和其中一位聊天时提到了我的年龄。他惊呆了，简直不敢相信我这么年轻。他以为我至少 30 岁了。我说："非常感谢。我真的看起来那么老吗？" ⊖ 他的回答是："事实上，没有那么显老。只是你的威严让我觉得你一定比我大。"这大概解释了为什么每个人都按我说的做，这也教会了我一条非常有用的法则。

那么，是什么让你显得权威呢？我听到你在问。好吧，我们已经在工作法则中提到了一些，但说到底，这是关于给人留下你

⊖ 哦，那些日子我以为 30 岁已经很老了。

对自己很自信的印象，这就是你自己的地盘。无论内心如何，你都要表现得自信。你练习得越多，它就会变得越真实，很快你就会成为一个真正自信和权威的人。因此，你会对自己的日常工作更有信心。随着时间的推移，你会越来越娴熟，在更有挑战性的情况下（比如会见客户、与管理层交谈、在公共场合演讲），你也会有同样的感觉。

我们之前说过，要笑容完美、握手坚定、步伐自信等，但是情绪稳定也很重要。要积极，你可以有心情糟糕的日子，但你不能表现出来。听着，没有比君主更权威的人了，你上次见到英国女王心情不好是什么时候？不知道，对吧？她肯定有心情糟糕的日子，但她表现出来了吗？她当然不会。照她说的做，时刻保持乐观。

你也需要一个自信的声音，所以，如果需要的话就多加练习。说话不要太快，声音要有力。你使用的词语也很重要，避免反问的语气。比如，在请求批准或同意时，你不要说："你不认为吗？""你明白我的意思吗？"你要陈述事实，不要用"我认为……"或者更糟的（在工作场合）"我觉得……"作为开场白。你知道事实与提议不相符，所以就这么说吧。

注意你周围的人，看看他们谁有威信，然后研究他们，看看是什么给你留下了这样的印象。最后，反思一下自己，看看哪些习惯要改掉，哪些要加强。你在不知不觉中变得有威信了，其他人就会信服于你。

———————

你可以有心情糟糕的日子，但你不能表现出来。

法则
005

—

做个讨喜的人

道理就是这么简单。我们都愿意帮助自己喜欢的人，而不会支持自己不喜欢的人。我们更愿意帮助讨喜的人，而不是帮助那些总是抱怨的同事，或者从不费心说"谢谢"的老板。我们更关心讨喜的人对我们的看法，我们通常希望被我们喜欢的人喜欢，所以我们不太愿意和他们闹翻，也不太愿意拒绝他们。比起不受欢迎的人，我们更愿意与受欢迎的人结盟。

所有这些都意味着，如果人们喜欢你，他们更倾向于：

- 尊重你。
- 认可你。
- 照你说的做。
- 答应你。
- 支持你。

换句话说，他们愿意把更多的权力交给你。比起他们不喜欢的人，他们更有可能服从你的领导。

记住，权力是一种需要妥善使用的东西，要非常小心才行。我们不要利用别人的善意搞事情。通常，在任何情况下他们都能分辨出你的小心思，他们会因此而不那么喜欢你。所以，这既不道德，甚至也不高效。你不会在你需要的时候施展魅力，然后又隐藏魅力，因为即使你有足够的操控能力（当然你没有），这样做也不奏效。

你必须一直惹人喜爱。你要长期而缓慢地培养好感度，这样每次你想要别人帮助你的时候，就已经在他们想要支持的人员名单上了。我知道这听起来有点像耍弄权术，但如果你遵守法则，你就会尽可能地善待别人，所以，你只是想成为你想成为的人。

如何变得讨人喜欢？这很简单。首先，你不是在装腔作势。自然一点，做你自己，敞开心扉，养成一些好习惯，改掉一些坏习惯。那么，你会养成什么好习惯呢？友善！见到别人时要问候，要承认别人的贡献，要说"谢谢"，要平等对待每个人，表现出对他们的兴趣，要倾听别人的意见，平易近人，性情温和。这很简单，不是吗？我希望这是你妈妈一直让你做的事。

不要抱怨，不要发脾气，不要忽视比你资历浅的人，不要把别人的创意归功于自己，不要议论别人，不要挑剔别人身上拥有的、你不喜欢的特质。不管你是害羞还是外向，紧张还是自信，这些都是完全可以做到的，因为这些只是行为规范，而不是性格特征。任何人都能做到。

如果人们喜欢你，他们愿意把更多的权力交给你。

法则
006

做自己

我这辈子做过很多工作，但在这一切的背后，我一直是个作家。我不是一个才华横溢的、广受好评的文学作家，我只是一个热爱写作、对写作充满激情的人。我不一定从中赚钱，我写的东西也不一定问世，这并不重要，因为写作是我从记事起就一直想做的事。

当然，我做过一些很棒的其他工作，也做过一些痛苦的、乏味的、没有成就感的工作。但即使我在做一份自己讨厌的工作，我也一直知道，在这一切的背后，我并不是一个真正的职员或客户经理或其他什么人。在内心深处，我仍然是一个作家。因为我知道，在那些我不喜欢的工作中发生什么，对我来说并不重要。那些老板无法触及我的内心深处，更不能夺走我的写作精神。他们甚至不知道我的创作灵魂在哪里，也无法触及。

这给了我力量。因为我知道我是谁，没有人能改变我。我不绝望，也不害怕，我就是我自己。不管工作上的事情有多糟糕，我都会继续做我自己，因为工作并不能定义我。

有些人失去了工作就迷失了方向。他们不知道自己是谁。这就是为什么这么多人在退休后不久就去世了。没有工作，他们无法应付生活，因为工作给了他们生活的目标，也定义了他们。你可以对你的工作充满激情，而不必成为它的一部分，以至于你无法脱离它而生存。知道自己在工作之外是谁，并不意味着你对这份工作不投入。

你可能不是一个作家。你可能是一个园丁，或者是一个老爷车收藏家，或者是一个家长、一个老师，或者是一个派对狂。无论你是什么人，无论你是谁，在内心深处，请不要放手。即使你热爱自己的工作，也会有工作不顺的时候。但如果你的身份与你所做的事情无关，不顺心的工作就没有能力伤害你。如果你能接受这份工作，但仍然做你自己，那就会给你带来巨大的能力和力量。即使别人不知道你的力量从何而来，他们也会认可你。

这种力量来自于你对自我的认知。对我们中的许多人来说，这种力量会随着年龄的增长而增长，但如果我们不牢牢抓住，它也会随着时间的推移而消失。

———————

如果你能接受这份工作，但仍然做你自己，
那就会给你带来巨大的能力和力量。

法则
007

做好你自己的工作

　　我曾经参与过一个项目，这个项目突然火了起来，管理层想要大规模地推广它。他们招募了一些新人加入，因为我在最初的小规模版本中发挥了关键作用，他们真的需要我来保持项目的连续性，并确保推广计划顺利进行。这是一份合约工作，所以他们不得不给我发了一份新合同。这一切都发生得相当突然，当他们开始敲定合同时，推广项目即将启动。

　　当我看到新的合同时，我清楚地知道他们希望我在明年继续留在这个项目。然而，我只想在该项目上花几个月的时间，等项目稳定下来，我就抽身。我幻想在那之后找到一个新的挑战。我如实禀报之后，他们告诉我，一年的合同是政策规定，没有商量的余地。但我知道，在这个关键阶段，他们不能失去我，因为这个项目的某些方面只有我了解。所以我礼貌地拒绝签字，除非他们能改变政策，给我一份无固定期限的合同。然后发生了什么？他们照我说的做了。他们没有选择，他们知道这一点。

我们知道，说到底，没有人是不可或缺的，但有时貌似某些人真的不可或缺。你越是不可或缺，就会有越多的人按照你的意愿去做，因为他们不能失去你的热情、支持和参与。他们需要让你保持惬意。不是因为你很重要，也不是因为你级别高，只是因为你在工作上做得很好。

这就是力量法则之一。只要你擅长自己的工作，你就能积累力量。你做得越好，你获得的力量就越大。这不是要保守的秘密。的确，这些策略可以为你赢得权力，但代价太大了。你会失去同事的信任和支持；你会变成一股黑暗力量，而不是一股光明力量。不，你不需要这么做。事情没有那么复杂。

看看你周围的人，你会发现，公司最看重的人，是那些具备一些特质，可以把工作做得更好的人。他们是每个人都听从的人。所以，你只要成为他们中的一员，很简单。

————

只要你擅长自己的工作，
你就能积累力量。

法则
008

赢得他人支持

假设你想在工作中推动一项提案，或者你需要为部门预算而战，或者一个同事试图阻止你参与一个项目。为了达到你的目的，你可以（也应该）找到一个有力的论据，然后冷静而流畅地进行论证。但无论你多么有说服力，多么令人信服，多么充分地研究论点和组织语言，你仍然只是一个人在战斗。

如果有更多的辩友呢？让两三个人来参与辩论，肯定比一个人更有效。别那么保守，也许有五六个人或者更多人会如何？所以，去找他们吧。支持你的人越多，你的论点就越有分量。对管理层或同事来说，拒绝一个人要比拒绝几个人容易得多。

为此，你要确定需要说服的人。谁说的话在其他人心中更有分量？如果你能说服他，他实际上会为你完成剩下的工作。所以，要瞄准引领潮流的人、令人追随的人、受人尊重的创造派。这些就是你要争取到的人。他们不仅会让其他人支持你，而且他们的支持对你来说也是最重要的。

团队中较弱或易受影响的成员很容易被说服，他们会因为你希望他们站在你这边而感到受宠若惊，他们会听从你，而不是领导你。尽一切办法说服他们接受你的想法。积少成多，有更多的人支持你不会有什么坏处。但这不只是一个简单的数字游戏。有两个有影响力的、受人尊敬的同事站在你这边，比有一打没有多大影响力的同事支持你要好得多。质量重于数量。

对！你已经锁定了关键人物。现在你必须遵循所有相关的工作法则来赢得他们的支持。了解他们的动机，找出他们为什么可能会支持你的观点，不要假设所有人的理由都是一样的。也许这将有利于他们的部门或他们自己，或者这将为他们树立一个有用的先例，或者将一个难相处的同事移出他们的圈子，或者为他们自己的提议扫清障碍，或者给他们一个发光的机会，或者让他们看起来很棒；或者他们没有别的目的，只是认为这是一个好主意。你的工作是找出他们可能支持你的原因，然后让他们看到这一点，尽可能巧妙地呈现或公开表达。一旦你做到了这一点，你就可以把真正的决策者当作一股力量来对待，并拥有由此带来的一切力量。

质量重于数量。

法则
009

学会控制情绪

我在本章的法则 1 中提到过这一点，但实际上它本身就是一个完整的法则。为了变得强大，成为一股驱动力，你需要专注于你的目标以及实现目标的途径。你必须有一条清晰的道路可走。其他人可以识别出你是否对自己的论点深信不疑，或者你是否在纠结和挣扎。除非他们能看到你相信自己所说的，否则他们是不会同意你所说的。

现在，别人对你的看法是让他们站在你这边的关键。有一件事会比任何事情都更快地削弱他们对你的信心，那就是你过于情绪化。这一点在工作中比在其他地方更适用，因为工作中的分歧应该是理性的。你可以对你的伴侣说："我不知道我为什么讨厌海滩度假，我就是讨厌。"但在工作中，你需要提出客观而合理的事实、例子、成本计算和预测来支持你的观点 ⊖。所以，工作中没有

⊖ 是的，工作中当然少不了情绪，但有一条不成文法则，就是我们要假装没有情绪。

感情用事的余地。

　　如果你在谈论你的观点时明显变得激动、不安、焦虑或有其他的情绪化表现，人们会认为：①这是一个基于感觉而不是事实的论点；②你没有非常有力的论据，否则你会更加自信。换句话说，你控制得越好，就越能隐藏自己的感情，你就会显得越强大，越有说服力。我确实意识到，有时候出于某种原因，你会在工作中投入大量的情感。没有问题，只是不要表现出来。

　　你一定见过其他人在会议上脾气暴躁，互相吵架的场景。看起来不太好。例如，只要其中一个人说"我意识到我一开始就没有给出明确的概述"，他们就会比相互争吵时保留更多的尊严。

　　如果你想在争论和讨论中表现出自信、克制、强大的形象，那么在日常也这样做。当你早上起床时、在咖啡机前或在团队分配任务时，你不要冷酷、冷漠，像机器人一样呆板，那样只会让自己不受欢迎。你要有展示自己情绪的空间，有时一点点激情也会很有说服力，但要确保你在控制自己的情绪，而不是肆意宣泄。

　　你知道有些人就是很易怒，你永远不确定自己是否会在没有意识到的情况下惹恼他们。好吧，不要成为他们中的一员。你要为人随和、厚脸皮、开朗、有控制力。

————

　　除非他们能看到你相信自己所说的，
　　否则他们是不会同意你所说的。

法则
010

有担当，有思路，树立成年人的权威

如果你得到真正的力量和威望，但打算拱手相让，那么，遵循所有这些法则和获得真正的力量和威望就没有意义了。然而，令人震惊的是，有很多人都这样做，即使他们曾希望拥有这一切。

那么，他们做了什么？他们要求、期望或允许其他人以某种方式照顾他们。他们不为自己和自己的决定负责。这就像你让你妈妈帮你洗衣服一样⊖，你破坏了自己的权威。如果你想保持权威和获得尊重，就必须做出自己的决定并坚持下去。你必须自己的事情自己做。显然，优秀的管理者懂得授权，但有些任务是不应该授权的。你必须知道哪些任务不能授权。你必须承认自己的错误，不要找借口。你必须独立思考，并咨询他人，但不要指望他们替你思考。你要站在你所在圈子的领头人物旁边，而不是盲目地做他们的小跟班。

⊖ 你最好向我保证，你不会再使唤你妈妈了。

换句话说，你应该表现得像个成年人，有责任心的、强大的、有权威的成年人。否则，你会给人软弱、不确定、愚蠢、不可靠或受了惊吓的印象，这些都不是强者的特质。无论你多想把自己的缺点归咎于其他的人和事，你只会让别人注意到你的缺点。听着，假设你上班迟到了，不停地抱怨说这不是你的错，你只是差点儿没赶上火车，而且早上没有足够的班次……你只会让别人注意到你迟到了，听起来好像你太在意了，以至于想让每个人都知道这不是你的错。让我告诉你，他们都在想的是，既然他们都能准时上班，你也能准时上班，只要你早五分钟起床就行。

　　那么，如果你上班迟到了，该怎么办呢？你要在心里承认，如果你给自己更多的时间，迟到就不会发生。然后，当你到公司的时候，说："对不起，我迟到了。好了，让我们大干起来吧……"你能看出这听起来有多权威吗？很明显，如果你遵守这些法则，迟到就不会是经常发生的事情。其他任何错误也是如此。但是，当错误发生时，你要负责，然后继续你的工作。在你承担了琐事、责难、责任、决策的同时，它们也会给你带来力量。

你应该表现得像个成年人。

第十二章

其他不可错过的人生智慧

　　嗨，我要谈的不仅仅是工作，你懂的。如果你很聪明，就会想要学习那些成功人士在生活、金钱、工作、人际关系、育儿方面的行为方式。幸运的是，我已经为你做了艰苦的工作——通过多年的观察、提炼、筛选和总结，把真正有意义的东西变成了方便的小法则。

　　我一直希望不要把这些基本的法则延伸得太远，但根据读者的巨大需求，我已经解决了那些影响我们所有人的重大领域。因此，在接下来的内容中，我会从我的其他法则书中挑出几条法则，让大家先睹为快。

　　我想看看读者朋友的想法。如果你们喜欢，每本书里都会追加几条其他法则书里的法则。

让你的员工投入感情

你管理人——拿钱干活的人。但如果这对他们来说"只是一份工作"，你永远不会看到他们最好的一面。如果他们来上班就是为了打卡下班，在这期间尽量少做些事情，那你注定要失败。另一方面，如果他们来工作是为了自我享受的同时寻求扩展、挑战和激励，并且愿意参与其中，那你就有很大的机会让他们达到最好的状态。问题是，从个人苦力到超级团队的飞跃完全取决于你。你必须鼓舞他们、领导他们、激励他们、挑战他们，让他们投入感情。

没关系。你喜欢挑战自己，不是吗？好消息是，让团队在情感上投入是很容易的。你所要做的就是让他们关心自己在做什么。这也很容易。你必须让他们看到他们所做的事情的相关性——他们的所作所为如何对人们的生活产生影响，他们如何满足其他人的需求，他们如何通过他们在工作中所做的事情来触动他人。你要让他们相信（当然也合乎事实）他们所做的事情会带来改变，并且自己在以某种方式对社会做出贡献，而不仅仅是让所有者或股东中饱私囊，或者确保首席执行官获得巨额薪酬。

是的，我知道，管理护士比管理广告销售团队更容易让他们获得荣誉感。但如果你仔细想想，就会发现不同角色的独特价值，并给他们灌输自豪感。要我证明一下？好的。那些出售广告位的公司正在帮助其他公司进入市场，其中一些公司可能非常小。这些公司提醒潜在的客户，他们一直想要的东西可能真的是必需品。这些公司维持着报纸或杂志的运转，以及保证雇员的薪资（依赖于广告销售收入）。杂志或报纸向购买者传递信息或给他们带来快乐，否则他们就不会买了，不是吗？

　　让人们投入关怀是很容易的事。看，这是理所当然的。每个人都希望得到重视，成为有用的人。愤世嫉俗者会说这是无稽之谈，但这是事实，内心深处的事实。你所要做的就是到足够深的地方，你会发现关怀、感觉、关心、责任和参与。把这些东西激发出来，你的队员就会永远跟着你，甚至是自发地跟着你。

　　你在尝试说服你的团队之前，确保你已经说服了自己。你相信你所做的事情会带来积极的影响吗？如果你不确定，那就往下走，往深处走，找到一种关怀的方式。

你要让他们相信（当然也合乎事实）
他们所做的事情会带来改变。

不要害怕观点不一致

有人认为，"独立思考"是件可怕的事情。谁知道独立思考会把我们带向何方？你的原则和信仰可能会让与你在一起的人觉得不舒服。你会发现自己处境艰难。你可能不得不勇敢地承认自己对某些事情的看法是错误的，或者至少不是正确的。成为独立思考者的障碍之一是害怕观点不一致。

听着，这是可以理解的。但你得慢慢来。世界上还没有"思想警察"——至少现在还没有。没有人需要知道你在想什么，除非你准备好让别人知道。你不必让你的家人坐下来说："我需要你们所有人都知道，我认为你们的生活方式是错误的，我对此完全拒绝。"独立思考不需要分享你的新信念，除非你愿意。

如果你开始结交拥有不同背景和信仰的朋友，这一切都会变得很容易——这只是这样做的好处之一。一旦你走出了"回音室"，拥有独立的想法，就会更容易被人接受。你会很高兴认识那些同意你新想法的人和不同意你新想法的人——两者都很有趣，也很令人愉悦。当然，你也必须接受别人的不同，不要因此而感到威胁。听听他们的意见，然后自己拿主意。

如果你习惯于同意周围所有人的观点，那么，当你表达出不同意别人的观点时，当然会让人望而生畏。所以，等到你准备好了再说，还要准备好让他们感受到你的威胁。如何处理这个问题取决于你自己，但如果你事先考虑清楚，你会对自己的选择更满意。我想补充一点，如果你尊重别人的观点，对方也会更尊重你的观点，这是理所当然的。不出所料，我观察到，那些尊重别人观点的人，即使有时不认同对方的观点，也比那些不能接受不同观点的人更受欢迎。

你的独立思考不仅仅涉及思想、价值观、政治和宗教。你需要在工作和实际事务中独立思考。如果你和其他人一起工作，当你第一次说"我认为有更好的做事方法"时，你可能会感到害怕。但试一试——保持真切的、尊重的和不挑剔的态度，你会发现自己得到了积极的回应。如果你仔细思考过，那么你的想法可能是对的，对方也会欣赏接受。如果他们说服你，说你的想法并不像你想的那么好，不要往心里去，请独立思考，分析他们的评论，也许他们是对的。所以，为了下一次思想碰撞的成功，请立即磨炼你的思考技能，不要拖延。所有的独立思考者都需要一点勇气——看看伽利略或达尔文——只需要你的同事说"这是个好主意"，下次你就会备受鼓舞地表达自己的想法。

如果你尊重别人的观点，对方也会更尊重你的观点。

人人皆可富，你只需全力以赴

金钱的可爱之处在于它没有歧视。它不关心你是什么肤色或种族，你是什么阶级，你的父母是做什么的，甚至不在乎你眼中真实的自己是什么样子。每一天都是全新的开始，不管你昨天做了什么，今天都是新的开始，你有和其他人一样的权利和机会，想要多少财富就获取多少。唯一能阻碍你的是你自己和你对财富的态度。

世界上的财富，每个人拿多少就有多少。金钱不可能知道是谁在操纵它，此人有什么资格、有什么抱负或属于什么阶层。它没有耳朵，没有眼睛，没有感官，没有活动能力，没有生命，没有感情。它是用来使用和消费的，是用来储蓄和投资的，是用来争夺和为之工作的。它没有歧视机制，所以它无法判断你是否"值得"拥有它。

我观察过很多非常富有的人，他们都有一个共同点，那就是"他们都是财富法则玩家"，除此之外，再无共同点。富人是一个多元化的群体，你根本想不到他们会腰缠万贯。他们中有文雅的也有粗野的，有精明的也有愚蠢的，有值得发财的也有不该发财的。但每个富人都敢说："是的，我想要一些财富。"而穷人则说："不，谢谢你，不要给我。我不能发财，我不要发财，我不该发财。"

这就是财富法则应该存在的意义——挑战你对财富的看法。我们都认为，穷人之所以贫穷是因为他们的环境、背景、教养和熏陶。但如果你有能力购买《财富：管好你的钱》(*The Rules of Wealth*)，并在这个世界上过着相对安全舒适的生活，那么你也有能力成为富人。这个过程可能很辛苦，也可能很艰难，但却是可行的。这就是"人人皆可富，你只需全力以赴"。所有其他有关财富的法则都是这一法则的延伸与应用。

你有和其他人一样的权利和机会，
想要多少财富就获取多少。